Susanne Heinrichs

# Die weibliche Finanzwelt

Susanne Heinrichs

# Die weibliche Finanzwelt

## Das Finanzsystem aus der Sicht einer Frau

Bloggingbooks

**Impressum/Imprint (nur für Deutschland/only for Germany)**
Bibliografische Information der Deutschen Nationalbibliothek: Die Deutsche Nationalbibliothek verzeichnet diese Publikation in der Deutschen Nationalbibliografie; detaillierte bibliografische Daten sind im Internet über http://dnb.d-nb.de abrufbar.


Coverbild: www.ingimage.com

Verlag: Bloggingbooks ist ein Imprint der
Südwestdeutscher Verlag für Hochschulschriften GmbH & Co. KG
Heinrich-Böcking-Str. 6-8, 66121 Saarbrücken, Deutschland
Telefon +49 681 37 20 271-1, Telefax +49 681 37 20 271-0
Email: info@bloggingbooks.de

Herstellung in Deutschland (siehe letzte Seite)
**ISBN: 978-3-8417-7012-7**

**Imprint (only for USA, GB)**
Bibliographic information published by the Deutsche Nationalbibliothek: The Deutsche Nationalbibliothek lists this publication in the Deutsche Nationalbibliografie; detailed bibliographic data are available in the Internet at http://dnb.d-nb.de.


Cover image: www.ingimage.com

Publisher: Bloggingbooks
is an imprint of the publishing house
Südwestdeutscher Verlag für Hochschulschriften GmbH & Co. KG
Heinrich-Böcking-Str. 6-8, 66121 Saarbrücken, Deutschland
Phone +49 681 37 20 271-1, Fax +49 681 37 20 271-0
Email: info@bloggingbooks.de

Printed in the U.S.A.
Printed in the U.K. by (see last page)
**ISBN: 978-3-8417-7012-7**

# Inhaltsverzeichnis

# Vorwort

Schreiben ist meine Leidenschaft, schon seit meiner Kindheit. Finanzen sind mein Job. Um beides zu vereinen und um mich mit den Eindrücken aus meinem Arbeitsalltag auseinanderzusetzen, fing ich an aktuelle Themen in Form von Blogs auszuarbeiten. Dabei setzte ich mein Wissen in Zusammenhang mit meiner persönlichen Sichtweise.

Schnell merkte ich, dass mein Beruf in der Finanzbranche nicht nur pure Mathematik, analytisches Denken und das Erstellen von Konzepten war. Es ging vor allem darum die zwischenmenschlichen Dinge wie Gesten, Mimik und Verhalten zu deuten. Viele Kenntnisse, die man nicht in Schulungen lernt, aber trotzdem Voraussetzung für eine gute und erfolgreiche Arbeit sind, muss man sich selber erarbeiten. Insbesondere als Frau in einem System, das zum Großteil aus Männern besteht, sollte man sich geschickt verhalten um nicht anzuecken und trotzdem Respekt von den Kollegen erlangen.

Dieses Buch soll all denjenigen eine Hilfe sein, die vorhaben sich beruflich in die Finanzwelt zu begeben und für diejenigen, die sich schon dort befinden. Ich hoffe neben Tipps für den Umgang mit Formularen, Banken und Geschäftsleuten auch einige schöne Nebeneffekte aufzeigen zu können, die ein Beruf in dieser Branche bieten kann.

Aber auch für diejenigen, die sich im Studium, in der Ausbildung oder bereits in einem Beruf einer anderen Branche befinden, soll dieses Buch eine Hilfestellung bieten sich im Finanzdschungel zurecht zu finden.

Aus Gesprächen mit Frauen und Männern zog ich nützliche Erkenntnisse wie Zusammenhänge vom jeweiligen Geschlecht verstanden und verarbeitet werden. Daraus entwickelte ich Ratschläge, die für ein besseres Verständnis sorgen sollen. Ich hoffe aus der Sicht einer Frau die Finanzwelt mit ihren Möglichkeiten und Grenzen, ihren vielseitigen Facetten und Highlights verdeutlichen und transparenter machen zu können und eventuell auch Anregungen zum Weiterlesen bieten.

# Wissenswertes über die Finanzwelt

In einer Finanzwelt, die auch heute noch von Männern dominiert wird, ist es immer wichtiger sich als Frau mit Wissen aus dieser verwobenen Welt zu beschäftigen, um nicht den Anschluss zu verlieren.

Die moderne Frau ist in der Regel zwar gebildet, ist aber so beschäftigt, dass ihr viele hilfreiche Informationen rund um das Thema Finanzen und Karriere entgehen.

Und oftmals ist es so, dass finanzielle Schwierigkeiten ein ganzes Studium und somit einen ganzen Lebensplan in Frage stellen. Wenn man aber weiß wie diese Welt funktioniert, kann man selber die Stricke in die Hand nehmen und das Angebot und die Möglichkeiten für sich selber nutzen.

Hat man einmal die Hürde eines Studiums oder einer Ausbildung finanziell gut überstanden, stehen neue Themen ins Haus wie Vermögensaufbau, Existenzgründung, die eigene Immobilie und die Altersvorsorge. Egal in welcher Lebensphase man ist, immer tauchen neue Projekte, Wünsche und Träume auf, die finanziert werden wollen.

Bei der Vielzahl von Anbietern lohnt es sich erst einmal eine eigene Kenntnis anzueignen, um nicht von unseriösen Vertretern ihrer Zunft über den Tisch gezogen zu werden. Wichtig dabei ist immer sein eigenes Ziel im Auge zu behalten und es zu verfolgen.

## Kredit für Azubis

### Darauf solltet Ihr achten

In der Regel liegt die Auszahlungssumme für einen Kredit für Azubis nicht über 4.000 Euro. Eine Ausnahme kann genehmigt werden, wenn der Auszubildende einen Bürgen hat.

Auch die Möglichkeit eines Sofortkredits besteht, wenn eine schnelle Bearbeitung und eine zügige Auszahlung angestrebt werden.

Trotzdem müssen natürlich auch hier Prüfungen vorgenommen werden.

### Was wird benötigt?

Als Unterlagen zur Bearbeitung müssen Lohnbescheinigungen, Kfz-Briefe, Versicherungspolicen und der Ausbildungsvertrag vorgelegt werden. Falls bereits ein Arbeitsverhältnis für die Zeit nach der Ausbildung festgelegt ist, sollte der Arbeitsvertrag hinzugefügt werden. Dies kann sich nur positiv auf die Beantragung auswirken, da die Bank dadurch eine höhere Sicherheit hat, dass der Finanzierungsbetrag auch zurückgezahlt wird.

**Welche Bank ist geeignet?**

Erfüllt man die Voraussetzungen für einen Kredit für Azubis, sollte man trotzdem nicht zur nächstbesten Bank gehen, sondern erst mal einen Vergleich anstellen. Im Internet gibt es auch dazu entsprechende Vergleichsportale. Unterschiede gibt es vor allem in der Höhe der Zinsen, in der Ratenhöhe, der Laufzeit und der Annahmequote. Individuell sollte man sich überlegen, wie lange man den Kredit in welcher Höhe abbezahlen möchte. Natürlich sollte die monatliche Rate mit dem monatlichen Einkommen und den sonstigen Ausgaben vereinbar sein. Bei allen Banken gilt jedoch, je niedriger die Rate, desto länger ist die Laufzeit des Kredits. Außerdem sollte man sich für eine Bank entscheiden, die eine hohe Annahmequote hat. Wird nämlich der Kredit für Azubis bei einer Bank abgelehnt, die eine strenge Auswahlpolitik einhält, wirkt sich das negativ auf eine weitere Antragstellung bei einer anderen Bank aus, die den Kredit wahrscheinlich bei Erstbeantragung gewährt hätte. Wenn man sich nicht sicher ist, sollte man ruhig eine oder zwei Beratungen direkt bei einer Bank durchführen ohne einen Antrag zu stellen.

## Bafög Rückzahlung - Was muss beachtet werden?

Auch wenn das Bafög ein zinsloses Darlehen ist, muss man bestimmte Regeln beachten. Wenn man sich damit auseinandersetzt, kann man sogar Geld sparen.

**Bafög Rückzahlung: So wirds gemacht!**

**Höhe der Rückzahlung**

Studenten an Hochschulen, höheren Fachschulen und Akademien müssen die Hälfte der in der Regelstudienzeit erhaltenen BaföG-Fördersumme zurückzahlen. Eine Rückzahlung des Schüler-Bafög ist nicht notwendig, da es sich um einen Vollzuschuss handelt.

**Pflichten**

Dem Bundesverwaltungsamt muss immer die aktuelle Adresse vorliegen, damit es zur Bafög Rückzahlung zum gegebenen Zeitpunkt auffordern kann.

**Art der Rückzahlung**

Bei einer Aufnahme des Studiums am 1.3.2001 oder später reduziert sich die Schuld auf 10.000 Euro. Die Frist für die Bafög Rückzahlung beginnt 5 Jahre nach Ende der Förderhöchstdauer. Den Bescheid über den Beginn der Rückzahlung erhält man 4 1/2 Jahre nach der Förderhöchstdauer. Sie erfolgt in vierteljährlichen Raten in Höhe von mindestens 315 Euro. Bei geringem Einkommen kann die Rückzahlungsverpflichtung auf Antrag jeweils ein Jahr aufgeschoben werden. Die Einkommensgrenze für die Bafög Rückzahlung hat sich seit dem 1.Oktober 2010 auf 1070 Euro pro Darlehensnehmer erhöht. Existiert ein Kind, kommen noch einmal 485 Euro hinzu. Ein Ehepartner wird mit 535 Euro verrechnet.

**Reduzierung der Schuld**

Wenn man Schulden in höheren Summen oder auf einmal bezahlt, wird der Antrag auf Nachlass von der Restschuld gewährt. Zahlt man beispielsweise 1000 Euro auf einmal zurück, wird ein Nachlass von 9 % gewährt, das heißt es werden in diesem Fall 910 Euro gezahlt, obwohl 1000 Euro getilgt werden. Bei guten Studienleistungen oder schnellem Studium wird auf Antrag ein Teil der Darlehensschuld erlassen. Dies kommt jedoch nur zum Tragen, wenn der Studierende zu den 30 % der Besten des Studienjahrgangs gehört.

## Online Banken: Vor- und Nachteile, Infos und Risiken

Online Banken haben vor allem den Vorteil, dass sich mit diesen schnell und einfach Bankgeschäfte tätigen lassen. Man hat außerdem eine direkte Übersicht über die Kontobewegungen und kann Überweisungen von zu Hause anweisen. Außerdem ist man durch diese Form des Bankings nicht an die Öffnungszeiten der Bank gebunden, sondern kann 24 Stunden und auch an Sonn- und Feiertagen damit arbeiten. Das ermöglicht eine genaue Kostenkontrolle und Zeitersparnis, weil Wege zur Filiale wegfallen.

**Online Banken locken mit geringen Gebühren und hohen Zinsen**

Lästige Formulare der Bank müssen nicht mehr per Hand ausgefüllt werden und können einfach am eigenen Computer eingegeben werden. Zusätzlich erhöht sich die Sicherheit durch das PIN- und Tan-Verfahren, bei dem zu Hause auch kein Betrüger lauert, der die Daten ausspähen kann. Der Kostenaufwand, den Online Banken gegenüber anderen Banken an Filialen und Mitarbeitern sparen, kommt dem Kunden durch geringe Gebühren und hohe Zinsen zugute. Vorteile bietet auch die Kontokarte, mit der man bei jedem Maestro Bankautomaten kostenlos Geld abholen kann.

**Vorsicht bei Onlinebetrügern**

Aber gegenüber den Vorteilen der Online Banken stehen außerdem auch die Risiken, die nicht unerheblich sind. Onlinebetrügereien sind immer weiter auf dem Vormarsch. Betrügerische E-Mails mit der Aufforderung die Bankdaten und TANs zur Sicherheitsüberprüfung einzugeben, verbreiten sich zunehmend. Auch Wartungsarbeiten oder Sicherheitsmängel werden als Grund vorgegeben. Dazu werden Bankhomepages sehr real nachgeahmt. Solche Phishing-Seiten dienen den Betrügern, um Überweisungen auf ein fremdes Konto auszuführen. Aber wenn man als Kunde weiß, dass eine Bank nie in solch einem Stil arbeiten würde und diese Mails nicht ausfüllt, kann man sich getrost zurücklehnen und die Vorteile des Onlinebankings nutzen.

**Online Banking: Mehr Sicherheit mit diesen Tipps**

Die Online Banking Sicherheit wird immer mehr durch sogenannte Internetkriminelle gefährdet. Bankkunden, die das Onlineverfahren ihrer Bank nutzen werden zum Beispiel in einer Email angeschrieben und aufgefordert mit ihrem Kreditinstitut in Kontakt zu treten. Folgt der Kunde dieser Aufforderung landet er auf einer gefälschten Webseite. Deshalb sollten einige Sicherheitshinweise von jedem Online-Bankkunden befolgt werden.

Online Banking Sicherheit: So wirds gemacht!

**Sicherheit des Computers**

Der Computer selber und die darauf enthaltenen Programme werden von der Bank nicht beeinflußt und müssen somit von jedem einzelnen Internetnutzer auf Sicherheit überprüft werden. Ein gutes Antivirus-Programm, das regelmäßig aktualisiert wird sowie eine regelmäßige Aktualisierung der persönlichen Firewall und die Aktivierung der Sicherheitseinstellungen des Internetbrowsers können den Zugriff Fremder verwähren. Wenn Sie ein WLAN verwenden stellen Sie sicher, dass dieses entsprechend verschlüsselt ist.

**Umgang mit persönlichen Informationen**

Vertrauliche Informationen sollte man nur preisgeben, wenn man sicher ist, dass es sich wirklich um einen Mitarbeiter des Kreditinstituts handelt bzw. um die Homepage der Bank. Kontrollieren Sie dafür immer die Adresszeile der Homepage. PIN und TANS sollten nur auf der geschützten Seite der Bank eingegeben werden.

**Neues Verfahren**

In Volksbanken Raiffeisenbanken wird zur Online Banking Sicherheit bereits das neue Smart-TAN-plus Verfahren eingesetzt. Dabei werden die Transferdaten in ein externes Zusatzgerät in Verbindung mit dem Chip der VR-Bankcard eingegeben. Diese werden dann intern verrechnet und fließen dann in die dynamische TAN ein. Eine Verfälschung durch einen Hacker führt zu einer ungültigen TAN und somit zu einem Abbruch der

Transaktion. Erkundigen Sie sich bei Ihrer Bank welche Möglichkeiten für sicheres Online Banking angeboten werden.

**Kennwörter**

Um für Online Banking Sicherheit zu sorgen sollten auch Kennwörter für die Bankwebseite sicher sein, am besten sind immer noch Kombinationen aus Buchstaben und Ziffern, die nicht mit der eigenen Person in Verbindung gebracht werden können. Werden die Bankdaten trotz Eingabe des Passwortes nicht sichtbar, sollte man sofort seine Bank benachrichtigen. Außerdem sollte man vermeiden die Kennwörter irgendwo schriftlich festzuhalten, erst recht nicht in der Nähe des Computers

## Magisches Dreieck der Vermögensanlage: Wie benutzt und interpretiert man es?

Magisches Dreieck der Vermögensanlage bedeutet Kapital, Rendite und Risiko der Anlage in ein Gleichgewicht zu bringen.

**Wertpapierkauf**

Vor der Entscheidung ein Wertpapier zu kaufen, sollte die Abwägung stehen, welches Ziel man mit seiner Anlage verfolgt. Ist das Ziel möglichst viel Rendite zu erzielen, sollte man einen höheren Geldbetrag, also viel Kapital zu einer hohen Rendite anlegen, wobei man auch ein erhöhtes Risiko in Kauf nehmen muss. Magisches Dreieck der Vermögensanlage bedeutet aber auch Geld anlegen mit dem Ziel der langfristigen Rendite. Je länger man das Geld festlegt, desto geringer ist das Risiko bei mittelmäßiger Rendite. Erhöht man das Kapital, erhöht sich auch gleichzeitig die Rendite. Zumeist reduziert man damit bei vielen Finanzprodukten auch das Risiko mit längerer Laufzeit.

**Diversifizierung, Liquidität und Rentabilität**

Magisches Dreieck der Vermögensanlage wird auch durch drei Ecken mit den Faktoren Liquidität, Rentabilität und Diversifizierung dargestellt. Diversifizierung entspricht dem Faktor Rendite bzw. Streuung. Durch Streuung des Kapitals kann eine Reduzierung des Risikos erzielt werden. Der Begriff Liquidität entspricht dem Faktor Kapital und sagt aus, wie schnell das Vermögen verfügbar ist. Dividenden, Zinszahlungen und Wertsteigerungen sind Teile des Ertrags bzw. der Rendite. Die fällt unter den Begriff Rentabilität bzw. Risiko. Um eine Anlagestrategie zu entwickeln, müssen immer alle drei Faktoren berücksichtigt und auf die Ziele ausgerichtet werden.

## Aktiendepot vergleichen: Welche Werte sind wichtig, wie beurteilt man?

Ein Depot eröffnen kann man sowohl in der Bank selber als auch in vielen Fällen online. Ein Wertpapierdepot ist ein Vertrag zwischen der Depotbank und dem Depotkunden. Kaufpreis, Zinsen und Erlöse werden jedoch über ein Girokonto abgewickelt.

Das eigene Aktiendepot vergleichen lohnt sich auch, wenn man bereits Inhaber ist, denn die Bedingungen der Anbieter ändern sich mit der Zeit.

Aktiendepot vergleichen: Was wird benötigt?

- Internetzugang
- Personalausweis

Aktiendepot vergleichen: So wirds gemacht!

### Aktiendepot vergleichen

Inzwischen gibt es viele Anbieter von Wertpapierdepots, seien es Onlinebroker oder Direktbanken. Ein wichtiges Kriterium für die Auswahl des richtigen Anbieters, sollten die Ordergebühren sein, die bei jedem Auftrag anfallen. Die Depoteröffnung_ ist fast immer kostenlos, das Aktiendepot vergleichen im Internet auch.

### Depot eröffnen

Hat man sich für ein Konto entschieden, fällt man einen Antrag im Internet aus, druckt ihn aus und lässt sich seine Identität mit einem PostIdent und seinem Ausweis bei einer Filiale der deutschen Post dokumentieren. Der Antrag wird dann von der Post weitergeleitet und die Informationsunterlagen des Depots erreichen einige Tage später ihren Empfänger. Hat man einen Freistellungsauftrag in Auftrag gegeben, sollte man auch seine Steuernummer angegeben haben.

### Aktiendepot nutzen

Ist das Depot freigeschaltet, sollte man sich informieren, wann und wo welche Handelszeiten herrschen und welche Aktien gehandelt werden. Prognosen sowie Chartanalysen und Echtzeitticker finden sich auf den Homepages des jeweiligen Anbieters. Dort kann man beobachten wie die Aktie in der Vergangenheit gelaufen ist und ob es sich lohnt diese zu kaufen. Gute Informationen bieten auch Zeitungen wie die Financial Times und das Handelblatt, die auch Aktiendepots vergleichen.

### Tipps und Hinweise

- Im Internet gibt es bereits Seiten, die Aktiendepots unter verschiedenen Aspekten vergleichen.
- Das Aktiendepot vergleichen kann auch ein Banker, der aber im

Normalfall für seine Bank sprechen wird.

## Ethische Fonds: Innovative Geldanlage

Während es vor einigen Jahren nur ökologische Außenseiter waren, die in grüne Fonds investierten, ist es heute eine neue Art des guten Tons nachhaltig investieren zu wollen. Während es vor einigen Jahren nur wenige waren, die in grüne Fonds investierten, legt heute die breite Masse der Anleger auf Nachhaltigkeit als Investmentstrategie. Trotz steigender Anlegerzahlen und investiertem Kapital bleibt die ökologische Geldanlage immer noch eine kleine Nische am Markt. Investiert man in ethische Fonds, legt man sein Geld in Unternehmen an, die nachhaltig mit den Ressourcen unserer Erde umgehen. Außerdem wird dort darauf geachtet, dass die Produktion möglichst wenig negative Auswirkungen auf die Umwelt hat. Ethische Fonds haben bestimmte Ausschlußkriterien, die sie besonders sauber machen. So darf das Unternehmen zum Beispiel nicht mit Kinderarbeit oder Zwangsarbeit in Zusammenhang gebracht werden. Gen- oder Tierforschung ist ein weiteres Kriterium zum Ausschluß. Nuklearanlagen und pornografische Produkte sind weiterhin ausgeschlossen.

## Ethische Fonds vor allem in der Umwelttechnologie

Besonders sauber sind ethische Fonds der Umwelttechnologie. Diese Fonds investieren in Unternehmen, die eine Technologie für eine nachhaltige Energiegewinnung herstellen. Solarenergie und Windenergie zählen zu den Hauptunternehmen dieser Branche.

## Sichere Anlage mit geringer Rendite

Laut der Zeitschrift Finanztest erzielten diese Art von Fonds eine Rendite von 2,5 Prozent pro Jahr. Und kein Fonds lag bisher unter minus 5 Prozent. Die Produkte können außerdem mit allen anderen Geldanlagemöglichkeiten mithalten. Die Aktienfonds sind global angelegt und die Rentenfonds investieren in Staats- und Unternehmeranleihen. Spezielle ethische Fonds, die sich mit dem Thema Wasser beschäftigen, gibt es außerdem. Trotzdem muss man auch anführen, dass durch die Ausschlußkriterien den Fondsmanagern oftmals die Hände gebunden sind, so dass bei der Rendite auch keine außergewöhnlich hohen Ergebnisse erzielt werden können

## Bonitätsabhängiger Zinssatz: Was ist das? Risiken und Vorteile

Beantragt man einen Kredit, ist das von mehreren Faktoren abhängig. Die Darlehenssumme sowie die Laufzeit des Kredites sind sicherlich hauptsächliche Punkte. Viele Kredite werden auch aufgrund der individuellen Bonität des Kreditnehmers auch mit individuellem Darlehenszins vergeben. Je besser die Kreditwürdigkeit, desto günstiger sind die Konditionen und somit die Zinsen. Man nennt diese Art des Zinses auch bonitätsabhängiger Sollzinssatz. Dieser wird bevorzugt auf Ratenkredite angewendet oder teilweise auch bei Hypothekendarlehen. Die Bonität wird aufgrund von Aussagen des Kreditnehmers und von Datenbeständen von Wirtschaftsinstituten geprüft. Das wohl bekannteste Kreditinstitut ist die Schufa. Das Kreditrisiko wird beim bonitätsabhängigen Zinssatz durch ein Fünf-Punkte-System beurteilt. Welche Kriterien dabei berücksichtigt werden, ist für den Kunden allerdings nicht transparent.

### Die Bonität bestimmt die Kreditvergabe

Errechnet und bekanntgegeben werden, kann der endgültige Sollzins also erst nachdem das Kreditinstitut alle Daten beisammen hat. Deshalb kann es auch vorkommen, dass dieser von dem zuvor angebotenen Zinssatz abweicht. Vorteile bietet dieses Model also nur für Kunden, die den Bonitätskriterien der Banken entsprechen und deshalb einen günstigeren Zins bekommen. Nachteile entstehen für den Kunden durch den hohen Arbeitsaufwand, den er durch die zu beschaffenden Unterlagen hat. Durch die Überprüfung entstehen dann außerdem oft höhere Angebote für Ratenkredite als bei Standardangeboten. Durch die interne Überprüfung der Bonität sind Vergleiche zwischen verschiedenen Banken kaum möglich.

### Nicht für jedermann geeignet

Für die Banken entsteht natürlich der Vorteil, dass sie sich ein erhöhtes Risiko durch einen höheren Zinssatz bezahlen lassen. Immer kann man jedoch einschätzen, ob man durch seine finanzielle Vergangenheit eine eher gute oder eine eher schlechte Grundlage hat und sich ein Angebot erstellen lassen. Fällt dieses nicht so aus wie gedacht, kann man immer noch auf Standardangebote zurückgreifen.

## Was sind Investor Relations? Der Kontakt zur Liquidität

Investor Relations, auch Finanzkommunikation genannt, beschreibt die Pflege der Kontakte zwischen Aktiengesellschaft und deren Aktionären, Investoren und zuständigen Medien. Sie beinhaltet die Unternehmenskommunikation, die Öffentlichkeitsarbeit und die

Regierungspflege.

**Investor Relations - Transparenz ist das A und O**

Träger der Kommunikationsaufgabe ist ein Investor Relations Officer, der dem Finanzchef oder dem Geschäftsführer unterstellt ist. Alle Beteiligten müssen aus dieser Kommunkation die notwendigen Informationen darüber erhalten, wie das Unternehmen finanziell zu bewerten ist. Dabei sind bestimmte Richtlinien gesteckt, wie zum Beispiel die Orientierung am Kapitalmarkt, die Gleichbehandlung der Beteiligten, die Wesentlichkeit und Nachvollziehbarkeit, die Aktualität und die Entsprechung der Erwartungen.

Ein Ansatzpunkt zur Erklärung von Investor Relations ist das vor feindlichen Übernahmen geschützt sein. Dem Kapitalgeber muss außerdem möglichst günstig Eigen- oder Fremdkapital beschafft werden.

All das soll selbstverständlich dazu führen, dass das Unternehmen gut da steht und Investoren, Analytiker und Kunden gut darüber sprechen. Letztendlich dient es natürlich zur Generierung von Neukunden und Anlegern, sowie der Stabilisierung der bestehenden Geschäftskontakte.

Nicht zu unterschätzen ist auch der Einfluss dieser Art der Kommunikation, denn die Anleger reagieren natürlich auf die Informationen, ob sie nun positiv, negativ, intern oder öffentlich sind, und bestimmen so die Börsenkurse mit.

## Limit Order und Market Order: Anleitung und Tipps

Eine Limit Order ist ein besonderer Orderzusatz bei börslich gehandelten Wertpapieren. Man unterscheidet dabei zwischen einer Order, einem Auftrag, bei dem ein bestimmter Betrag nicht Überschritten werden darf, einem sogenannten Kauf-Limit-Order und einer Verkauf-Limit-Order, bei dem ein bestimmter Betrag nicht unterschritten werden darf. Der Auftraggeber nennt also bei der Auftragserteilung einen Höchst- bzw. einen Mindestpreis, der für den Kauf bzw. Verkauf gelten soll.

Der Begriff Market Order bezeichnet eine Wertpapierorder, die einen Auftrag zum Kauf oder Verkauf einer definierten Anzahl von Anteilen einer Aktiengesellschaft oder eines anderen Finanzinstruments aufgibt.

**Limit Order: Was wird benötigt?**

- Online-Zugang
- Tageszeitung mit Wirtschaftsteil

## Limit Order: So wirds gemacht!

### Online Depotkonto eröffnen

Nach einem Gebührenvergleich im Internet entscheidet man sich für eine Bank, bei der man ein Depot für seine Wertpapiergeschäfte eröffnen möchte. Meistens kann man es online eröffnen. Lediglich eine Identifizierung der Personalien bei der Post ist nötig. Wenige Tage später sollten die Unterlagen mit Kontonummer und Passwort zu Hause eintreffen. Am besten überweist man sofort ein Startkapital, nicht zu hoch, da man auch mit Verlusten rechnen muss.

### Anlagestrategie

Da es heute eine breite Palette an Finanzinstrumenten von Aktien, über Anleihen und Renten bis hin zu Optionsscheinen und Derivaten gibt, sollte man sich zunächst überlegen, welches Produkt für die eigenen Ziele geeignet ist. So sind zum Beispiel Optionsscheine für kleine Preise zu erhalten und bieten hohe Renditechancen, aber auch Verlustrisiken. Aktien hingegen sind eher für hohe Beträge und lange Anlagezeiträume geeignet.

### Kauf eines Finanzinstrumentes

Unter dem Link *Auftrag* findet man die Möglichkeit ein Finanzprodukt, das über die ausgewählte Bank gehandelt wird, zu kaufen. Man erteilt also eine Market

### If-Done Order: Definition und Einsatzarten

Im CDF-Handel stehen den Kunden eine Menge nützlicher Orderarten zur Verfügung. Neben dem If-done Order gibt es auch Market-Orders, Limit-Orders, Stop-Orders und One-Cancel-Other-Orders. If-Done Order sind sogenannte Kombinationsorders, die sich auf dasselbe Wertpapier beziehen.

### Vorteile und Nachteile der If-Done Order

Die If-Done Order kombiniert eine Limitsetzung für eine Kaufsoption und Verkaufsoption. Eine erhoffte Marktbewegung kann dabei genutzt werden. Entweder eine Position wird eröffnet (Long) oder ein Leerverkauf (Short) genutzt.

Das Risiko wird mit einer Stop-Order begrenzt, falls gegensätzliche Kursbewegungen auftreten. Somit ist die If-done Order eine Order, die ausgeführt wird, nachdem eine andere Order ausgeführt wurde und vereinfachen damit die Erteilung von Orders. Der Vorteil dieser Order ist also, dass eine Stop-Order nicht vergessen werden kann. Der Nachteil dieser Order ist, dass sie nicht bei jedem Anbieter kostenlos ist.

**Weniger riskieren mit der If-Done Order**

Wenn man also auf Nummer sicher gehen will und kein allzu großes Risiko eingehen möchte, ist eine If-Done Order genau das Richtige. Verläuft der Kurs entsprechend der Erwartung steigen die Gewinne, entwickelt sich der Kurs gegensätzlich, sorgt der Stop-Order für eine Absicherung zu einem selbst gewählten Betrag.

Beispielweise steht der Kurs der Deutschen Bank bei 110. Sie wollen aber erst kaufen, wenn der Kurs bei 112 liegt. Dafür setzen sie einen Stop-Buy und ein Stopp-Loss-Limit für 109. Der Kurs der Deutschen Bank steigt nun auf 112 und wird gekauft. Steigt der Kurs weiter, stellen sich die Gewinne ein. Fällt der Kurs unter 109 wird die Position aufgelöst und Verluste werden abgewendet.

## Open Outcry: So funktioniert die Zeichensprache auf dem Börsenparkett

Open Outcry wird im Deutschen auch als “Parketthandel” bezeichnet.

Dabei wird ein Handel zu einer festgelegten Zeit an einem vorgegebenen Ort, dem Parkett, durchgeführt.

Er dient zur Kursbildung an den Börsen und unterliegt bestimmten Regeln.

Open Outcry: So funktioniert es!

**Händler**

Händler an den Börsen sind Mitarbeiter von Kreditinstituten und Finanzunternehmen. Tätigt man eine Order über einen Börsenmakler, so kann man sowohl als Käufer als auch als Verkäufer sein Gegenüber suchen.

**Computerbörse**

Heute werden immer mehr computergestützte Handelssysteme elektrische Orderleitsysteme genutzt. Dabei werden die Aufträge direkt an die Börse und somit an das Orderbuch des Skontoführers weitergeleitet. Jedoch werden die Aufträge ohne Rücksicht auf die Person und anhand der Limits abgearbeitet.

**Parkettbörsen in Europa**

Die wichtigsten Börsen Europas befanden sich in Deutschland, Österreich, der Schweiz und in England. Heute sind nur noch die Frankfurter Wertpapierbörse und die Londoner Börse existent. Oftmals treffen sich auf solchen Parketten Händler oder Broker, um Optionsscheine oder Futures zu handeln. Die Handzeichen für einen kaufwilligen Trader haben die Handrückseite immer nach außen, will er verkaufen, zeigt die Handfläche nach außen. Danach wird der Preis laut ausgerufen und das Gegenüber bestätigt mit "sold".

**Open Outcry Handel**

Eine Form des Börsenhandels, bei der sich die Marktteilnehmer die Verkaufspreise zurufen oder mit Handzeichen zu verstehen geben, dass sie mit dem Kauf zu dem Preis einverstanden sind, nennt man auch Criee-Handel. Dies ist zugeich die geläufigste und mit der Bezeichnung Open Outcry am nähesten verwandte Form des Handels. Der Präsenzhandel als eine letzte Form des Open Outcry Handels fordert die persönliche Anwesenheit der handelnden Personen.

**Zeiten und Orte**

Oftmals wird auf dem Parkett nur von 9 bis 13 Uhr täglich gehandelt. Weltweit bedeutend für den Handel sind vor allem die New York Stock Exchange, die Terminbörsen Nordamerikas NYMEX und CBOT sowie die Londoner Metallbörse.

## Ein Hostel eröffnen: die ersten Schritte

Ein Hostel eröffnen und das in Deutschland erfordert zunächst einige Überlegungen. Unbedingt sollte man sich ein Businessplan erstellen. Außerdem braucht man einen geeigneten und vielversprechenden Standort. Man sollte sich überlegen wie viele Betten das Hostel haben soll und ob man ein tragfähiges Finanzierungskonzept aufstellen kann.

Ein Hostel eröffnen: erste kleine Schritte!

**Persönliche Eignung**

Zunächst sollte man sich selber fragen, ob man geeignet ist ein Hostel eröffnen zu können. Gesundheitliche Fitness, Risikobereitschaft, Durchsetzungsvermögen und Entscheidungskraft sollten zu den persönlichen Grundeigenschaften gehören. Außerden braucht man weiterhin den unterstützenden Rückhalt der Familie, eine positive Ausstrahlung und man sollte belastbar sein.

**Gründungsvorstellung**

Um dem Alleinstellungsmerkmal zu genügen sollten Stärke- und Schwächeprofile der Wettbewerbsunternehmen bekannt sein. Dazu kann man auch Betriebsvergleichszahlen heranziehen. Zusätzlich ist ein nachfrageorientiertes Leistungsangebot von Vorteil.

**Übernahme eines Betriebs**

Will man ein Hostel eröffnen, indem man einen bereits bestehenden Betrieb übernimmt, sind die ersten Anlaufstellen Brauereinen, der Hotel-

und Gaststättenverband oder die Industrie-und Handelskammer, eventuell auch ein freiberuflicher Unternehmenssberater.

**Finanzierungskosten**

Um den finanziellen Rahmen zu ermitteln, ist es ratsam private Lebenshaltungskosten, Kaufpreis, Renovierungskosten, Neuinvestitionen, Kautionen, Gründungskosten, betriebliche Kosten und Kosten für Eröffnungswerbung einzubeziehen. Finanziert wird entweder durch Eigenmittel, einen Bankkredit, Kontokorrentkredit, öffentliche Finanzierungshilfen oder Finanzierungshilfen durch das Arbeitsamt. In jedem Fall sollte man sich jedoch vor Eröffnung um eine Zusage der jeweiligen Stelle kümmern.

**Gewerbeanmeldung und Konzession**

Beides, Gewerbeanmeldung sowie Konzession, sind bei der örtliche Kommune zu beantragen. Benötigt wird dazu ein Pass, Konzessionsantrag, polizeiliches Führungszeugnis, Pachtvertrag, aktuelles Gesundheitszeugnis, Zahlung der Konzessionsgebühr, Unbedenklichkeitsbescheinigung des Finanzamtes, Pachtvertrag, Grundbuchauszug, Lageplan, Grundrisszeichnung, Schnittzeichnung, Betriebsbeschreibung, Gewerbeanmeldung, aktueller Gewerbezentralregisterauszug und Gaststättenkontrolle.

**Standort**

Ein geeigneter Standort findet sich durch einen großen Einzugsbereich, eine günstige Verkehrslage, ausreichende Stellplätze, geeignete Werbeflächen und eine angemessene Raumanordnung. Vor allem aber müssen Toursiten die Stadt oder den Ort regelmäßig besuchen. Und das Hostels überwiegend von jungen Leuten mit wenig Geld aber viel Lust auf Party gebucht werden, bietet sich mindestens die direkte Nähe zu einer größeren Stadt an, eigentlich aber sollten Sie das Hostel in einer Stadt, in der einiges los ist, aufziehen.

**Rechtliche Grundlagen**

Niemand, der ein Hostel eröffnen will, kommt darum herum sich mit dem Beherbergungs- und Gastaufnahmevertrag, dem Bewirtungsvertrag und dem Gaststättengesetz auseinanderzusetzen. Hilfe zu diesen Themen finden Sie auf den Seiten der DEHOGA. Sie kümmert sich um Branchenpolitik, setzt sich für die Interessen der Hotelerie und Gastronomie in Deutschland ein. Sie hat den unternehmerischen Erfolg als Ziel und hilft in den Bereichen Arbeits- und Tarifpolitik, Aus- und Weiterbildung, Recht und Steuern, Umweltschutz und Urheberrecht. Mit schnellen Informationen durch Newsletter hilft sie ihren Mitgliedern weiter.

## Was ist Riester und welche Vor- bzw. Nachteile hat es?

In der Vergangenheit hat es zahlreiche Berichte darüber gegeben, welche Schwierigkeiten die Riester Rente mit sich bringt.

Aber die Riester Rente hat natürlich nicht nur Nach- sondern auch Vorteile.

Riester Rente: Das sind die Fakten

### Rückzahlungen

Bei bereits geleisteten Beiträgen gibt es bei einer vorzeitigen Kündigung keine Garantie für eine Rückzahlung.

### Zuschüsse

Bei Situationen, wie längerer Arbeitslosigkeit oder langen Erziehungszeiten, werden die Zuschüsse nicht mehr gezahlt. Damit kommt es zu einer vorzeitigen Kündigung und die bereits gezahlten Zuschüsse müssen sogar inklusive Steuern in Form von Zinsen zurückgeführt werden.

### Ungleiche Behandlung

Von dem Hinterbliebenenschutz profitieren im Fall der Fälle nur Ehepartner und Kinder. Unverheiratete Partner gehen dabei leer aus. Somit ist auch eine Vererbung nur auf den Ehepartner möglich.

### Hohes Einkommen

Besonders attraktiv ist die Riester Rente für Singles mit hohen Einkommen. Durch Steuervergünstigungen und einer Steigerung der Anlagenrendite durch die Zulagen, um bis zu zwei Prozent, lohnt sich die Überlegung eines Vertragsabschlusses.

### Wichtigster Vorteil

Ist eine Person zum Beispiel durch ihre Selbstständigkeit nicht förderberechtigt, kann sie diese Förderung durch einen förderberechtigten Ehepartner erlangen.

### Kapitalerhaltungsgarantie

Zum Start der Rentenzahlung müssen mindestens die eingezahlten Beiträge vorhanden sein.

### Besteuerung

Wegen der nachgelagerten Besteuerung ist eine Auszahlung der Renten nur in Deutschland möglich. Die Riester Rente wird im vollen Umfang versteuert, wobei die erste Rentenzahlung frühestens zum 60. Lebensjahr ausgezahlt wird.

### Flexibilität

In Riesterverträgen ist keine Beleihung möglich, nur eine

Kapitalauszahlung von maximal 30 %. Das Ein- und Auszahlungssystem erweist sich außerdem als wenig flexibel.

**Bürokratie**
Die Zuschüsse müssen jedes Jahr neu beantragt werden, so dass es zu einer Menge Verwaltungsarbeit kommt.

**Riester Rechner**
Mit dem Riester Rechner kann man den Steuervorteil berechnen. Unter dem Punkt steuermindernde Beiträge sind die entsprechenden Faktoren zu berücksichtigen.

## Steuerliche Behandlung betrieblicher Altersvorsorgen

Steuern auf die Rente zahlen? Immer noch wissen viele Menschen nicht, ob und wie man Renten, insbesondere Renten, die man betrieblich erhält, versteuern muss.

Unterscheiden muss man in jedem Fall wie die betriebliche Altervorsorge finanziert wurde, um die Besteuerung der Betriebsrente voraus zu sagen.Besteuerung der Betriebsrente: So wird es gemacht!

**Besteuerung der Betriebsrente**
Wie fast bei jeder Art von Versteuerung gibt es auch bei der Betriebsrente steuerfreie Beitragsgrenzen. In diesem Fall liegt die Grenze bei 560 Euro für das Jahr 2010. Liegen die Beiträge, die vom Arbeitgeber gezahlt wurden, unter diesem Satz, müssen keine Steuern gezahlt werden.

**Besteuerung bei Einzahlung der Beiträge**
Wenn die Betriebsrente aus Beiträgen des Arbeitgebers bezahlt wurden, die er bereits versteuert hat, ist die Besteuerung der Betriebsrente vom Arbeitnehmer nach Auszahlung mit dem Ertragsanteil zu leisten.

**Besteuerung aus steuerfreier Umlage**
Waren die eingezahlten Beiträge steuerfrei, da sie unter den Betrag von 560 Euro fielen, ist die Besteuerung der Betriebsrente voll zu leisten, also eingezahlte Summe plus Ertragsanteil. Man sollte also im Vorfeld überlegen, welches Model besser ist.

**Besteuerung der Betriebsrente aus Entgeltumwandlung**
Falls die Finanzierung durch Entgeltumwandlung steuerfrei geleistet wird, werden die Beiträge vom Arbeitgeber direkt aus dem Bruttolohn entnommen. Das zu versteuernde Einkommen sinkt also. Da die Beiträge in diesem Fall nicht versteuert wurden, ist die Rentenzahlung in vollem Umfang zu versteuern. Waren die Einzahlungsbeiträge allerdings so hoch,

dass sie versteuert werden mussten (abhängig vom individuellen Verdienst) wird der Rentenanteil wieder mit dem Ertragsanteil versteuert.

**Besteuerung der Riester-Rente**
Die Riester Rente ist eine vom Staat geförderte Art der privaten Altersvorsorge. Der Staat ermöglicht dies durch sogenannte Zulagen und Sonderausgabenabzugsmöglichkeiten. Da in diesem Fall keine Steuern auf die Beiträge gezahlt wurden, sind die Rentenzahlungen bei Riester in vollem Umfang steuerpflichtig.

## Falschgeld: So erkennt man Blüten

Heutzutage kann man eigentlich recht einfach Falschgeld erkennen. Besonders gut geht das naturgemäß anhand der Sicherheitsmerkmale. Oft sind nur einige der Merkmale nachgeahmt. Bereits beim greifen der Geldnote kann man ertasten, ob der Schein aus dem echten Banknotenpapier Baumwolle besteht.

Falschgeld erkennen: So erkennen Sie die Blüten!

**Schnelltest durch tasten und sehen**
Mit Daumen und Zeigefinger sollten die Schriftzeichen BCE, ECB, EZB, EKT und EKP deutlich zu tasten sein. Sie sind genauso wie die Wertzahlen und abgebildete Hintergrundmalereien in einem Stichtiefdruck angefertigt. Dazu zieht man den Geldschein am besten durch Daumen und Zeigefinger. Falschgeld erkennen sie auch im Gegenlicht des unbedruckten Bereiches der Geldnote. Das Wasserzeichen wird mit der Wertzahl und dem Motiv sichtbar. Zudem ist der Sicherheitsfaden in der Mitte des Geldscheins zu erkennen und das Durchsichtsregister zeigt erst im Gegenlicht eine komplette Zahl.

**Schnelltest mit kippen**
Ein weiteres Echtheitsmerkmal eines Geldscheines ist das Hologramm, ein weiteres der Farbwechsel. Durch Kippen des Scheins kann dies erkannt werden. Will man den Geldschein einer bezahlenden Person begutachten, erkennt man diesen Farbwechsel oft schon beim Anreichen des Geldscheins. Bei den 50€ bis 500€ Scheinen sollte man auf die konzentrischen Kreise aus den Regenbogenfarben achten. Bei Scheinen bis 20 € schimmert der Folienstreifen am rechten Rand der Vorderseite.

**Blüten melden**
Hat man Falschgeld erkannt, muss man es bei dem entsprechenden Amt bzw. die Behörde abliefern. Das ist individuell von Stadt zu Stadt. Sie können sich aber in jedem Fall an die Polizei wenden, die Ihnen die

richtigen Ansprechpartner nennen. Ersatz gibt es bei der Abgabe jedoch keinen. Der Schaden bleibt bei dem Besitzer, so dass es sich doppelt lohnt den Geldschein vor Annahme zu testen. Gibt man Falschgeld weiter in den Zahlungsverkehr, so macht man sich strafbar. Blüten wurden 2010 rund 60.000 mal gefunden. Vor allem 50 Euro-Scheine waren häufige Blüten.

# Geld regiert die Welt. Auch bereits im Studium

Die gebildete Frau von heute weiß, dass sich die Welt um Geld dreht und schlägt sich in Sachen Studium und Beruf genauso wie in Geldangelegenheiten ebenso gut wie ihre männlichen Kollegen, nur eben anders.

Zur Studienfinanzierung und anschließender Bewerbungsphase gilt es eine menge Dinge zu beachten, um sich gut zu verkaufen und für sich selbst einen guten Start ins Berufsleben zu haben.

Nur wer die Regeln des Bewerbungsprozesses und des Geschäftsleben schon im Vorhinein kennt, hat die Chance sich den Wunschjob zu ergattern und sich bei Unternehmen beliebt zu machen. Geld für Bücher, Kleidung und Zusatzkurse ist dann ein notwendiges Mittel, um dieses Ziel zu erreichen.

Frauen haben dabei zumeist andere Stärken und Schwächen, die sie in die Selbstpräsentation und Selbstentwicklung einbringen können und sehen viele Sachverhalte aus einer anderen Perspektive als ihre männlichen Kollegen, wodurch sie wiederum auch zu einer anderen Lösung des Problem kommen.

## Stipendium: Tipps und Hinweise zum Antrag auf Forschungsunterstützung

In Deutschland steigt die Zahl der Studenten jährlich kontinuierlich an. Doch immer noch ist die Haupteinnahmequelle der Studenten die Eltern. Etwas über die Hälfte ihres Einkommens bestreiten die Studenten durch eigene Arbeit und ungefähr ein Drittel macht eine Unterstützung mit Bafög aus. Doch der Fachkräftemangel gerade im akademischen Bereich wird in den nächsten Jahren drastisch steigen. Somit sind Land und Wirtschaft gezwungen weitere Unterstützungen anzubieten.

Stipendium beantragen: So wirds gemacht!

### Antragsstellung

Das Wichtigste bei der Vorbereitung eines Stipendiums ist der Antrag darauf. Zunächst müssen natürlich persönliche Angaben wie Adresse, Telefonnummer, Name und Geburtsdatum gemacht werden. Danach folgt die Angabe der schulischen bzw. beruflichen Ausbildung, die man bisher absolviert hat. Meistens ist die Angabe der bisher abgelegten Prüfungen von Belang und die Auskunft darüber, welche Prüfungen man momentan vorbereitet. Des weiteren sollte man vorher bereits wissen über welchen Zeitraum man das Stilfragen beantragen möchte. Die bisherige Finanzierung des Studiums oder der Promotion sind weiterhin ein Punkt, der im Antrag abgefragt wird. Im Anhang werden ein Lebenslauf, ein Zeitplan für die geplanten Studienleistungen im Antragszeitraum des Stipendiums und Kopien der Zeugnisse verlangt.

**Die richtige Wahl**

Laut Bundesverband Deutscher Stiftungen sind mehr als 1750 Einrichtungen regristriert, die Stipendien vergeben. Wirtschaftliche Unternehmen vergeben jährlich rund 6000 Stipendien. Die Begabtenförderwerke haben 2009 etwa 23.000 Studenten gefördert. Um sich klar zu machen, welcher Anbieter der Richtige für einen selber ist, sollte man sich überlegen, wer am besten zu einem selbst, aber auch zum gewählten Studiengang passt.

**Institutionen**

Der Stipendiatenbund des DAAD (Deutscher Akademischer Austauschdienst) fördert ausländische Studierende, Graduierte und Wissenschaftler. Er bietet Unterstützung für das Studium, für eine Forschungsarbeit oder einen Lehraufenthalt in Deutschland. Die geförderten Studenten bekommen einen vorher festgelgten Geldbetrag in einer monatlichen Auszahlung. Meist werden Studierende voll gefördert, das heißt das der Lebensbedarf gedeckt ist und deshalb auch mehrere Stipendien nebeneinader untersagt sind. Der Partei Bündnis`90 - Die Grünen nahe Heinrich-Böll-Stiftung bietet Stipendien an, genauso wie die CDU-nahe Konrad Adenauer Stiftung und die SPD-nahe Friedrich-Ebert-Stiftung. Neben hervorragenden Studienleistungen zählen hier auch gesellschaftliches Engagement, das bei den Studierenden vorhanden sein sollte.

**Aufnahmekriterien**

Die Studienstiftung des deutschen Volkes verlangt von ihren Bewerbern zum Beispiel ein persönliches Gespräch, persönliche Toleranz und soziale Verantwortung sowie einen Aufnahmetest, der gegen eine Gebühr von 50 Euro in den Testzentren unter Aufsicht abgenommen wird. Mit diesem Eingangstest für Erst- oder Zweitsemester fördert die Stiftung insbesondere Studenten aus bildungsfernen Elternhäusern sich unabhängig von Professorenmeinungen für ein Stipendium zu bewerben.

## Promovieren im Überblick: Voraussetzungen, Finanzierung, Doktorväter und Themenfindung

Promovieren in Deutschland ist nicht immer einfach. Viele Aspekte sind zu beachten und sollten von vornherein gut überlegt werden.

Promotion: So gehen Sie vor!

### Voraussetzungen

Eine der ersten Voraussetzungen, um eine Promotion anzusteuern, ist der Abschluss eines Hochschulstudiums in dem Fach, in dem auch promoviert werden soll. Die akademischen Abschlüsse sind entweder der Master, das Staatsexamen, das Diplom oder der Magister. Wer sein Hochschulstudium mit einem Bachelor abgeschlossen hat, der muss ein Eignungsfeststellungsverfahren durchlaufen und kann nur in Ausnahmefällen zur Doktorarbeit zugelassen werden.

### Finanzierung einer Promotion

Die wohl einfachste Möglichkeit der Finanzierung ist die interne Promotionsstelle, da diese Doktorandenstellen von der Universität bezahlt werden. Eine andere Möglichkeit ist wie beim Hochschulstudium auch die Unterstützung durch Dritte. Das können die Eltern oder ein Lebenspartner sein. Wer eigenes Kapitalvermögen besitzt, kann dies natürlich einsetzen. Wer besonders gut in seinem Fach abgeschlossen hat, kann sich für ein Stipendium bewerben. Hierbei gilt jedoch zu beachten, dass es unterschiedliche Arten von Stipendien gibt. Einige finanzieren nur die benötigten Bücher oder wissenschaftlichen Untersuchungen, andere bieten ein Vollstipendium, das für den Lebensunterhalt des Promovierenden sorgt. Eine klassische Art seine Promotion zu finanzieren, ist auch der Nebenjob.

### Doktorväter finden

Einen guten Doktorvater zu finden, ist nicht immer einfach. In den Naturwissenschaften ist es meistens so, dass der Doktorvater die Halbtagsstelle, die zu besetzen ist, ausschreibt. Allerdings ist dieses Verfahren nicht immer so. Viele Doktorväter vergeben die Stellen auch intern, d.h. auf Empfehlung durch andere Professoren oder an Absolventen, die in der eigenen Arbeitsgruppe mitgearbeitet haben. Wenn man die Dissertation an einer anderen Universität machen möchte, was empfehlenswert ist, da dies als Zeichen der Mobilität gedeutet wird, kann ein Empfehlungsschreiben seines Betreuers der Abschlussarbeit erhalten. In den Geisteswissenschaften gilt die Promotion auch heute noch als etwas Spezielles. Es gibt nur sehr wenige freie Stellen, sodass nur die besten eine Chance haben. Da die geisteswissenschaftlichen Professoren außerdem sehr viele Abschlussarbeiten betreuen, finden sie kaum Zeit einen Doktoranden zu betreuen. Deshalb ist es hier wichtig sich schon während des Studiums von der Masse abzuheben.

**Ein Thema finden**

Erster und schwierigster Schritt der Promotion ist es das Thema finden. Es sollte den Doktoranden selber interessieren und gleichzeitig genügend Stoff bieten, um sich ausreichend damit auseinandersetzen zu können. Ansatzpunkte für die Suche können alte Seminararbeiten oder Hausarbeiten sein. Wenn es dort einen Aspekt gab, der besonders interessierte, kann man hier weiterarbeiten. Auch andere Dissertationen können Ideengeber sein. Von Vorteil für das spätere Arbeitsleben ist sicherlich auch, wenn sich die Arbeit auf einen Themenschwerpunkt der zukünftigen Tätigkeit bezieht.

## Werbepsychologie Studium: Inhalte und Studienorte

Das Werbepsychologie Studium ist oftmals ein Teil des Studienganges Psychologie, für das man sich über die Zentralstelle für die Vergabe von Studienplätzen (ZVS) bewerben kann.

Studienorte für Werbepsychologie sind die TU Darmstadt, die Katholische Universität Eichstätt-Ingolstadt, die Universität Erlangen- Nürnberg, die Universitäten in Kiel und Koblenz-Landau, sowie jene in Regensburg und Würzburg.

**Das Werbepsychologie Studium: Eckdaten und Studieninhalte**

Möglich ist auch ein Fernstudium an der Europäischen Fernhochschule Hamburg. Betriebswirtschaft und Werbepsychologie und Wirtschaftspsychologie nennt sich der Studiengang dort. Die Regelstudienzeit beträgt 48 bzw. 36 Monate. Man kann jederzeit beginnen und schließt sein Studium mit einem Bachelor of Arts ab.

Marketing- und Werbepsychologie ist auch in der Studienwelt Laudius möglich. Studieninhalte sind hier Dienstleistung, Marketing und Werbung, die psychologischen Grundlagen von Werbung, das Konsumverhalten, die Selbstständigkeit in der Medienbranche, Markt- und Kundensegmentierung, Honorar- und Preisverhandlung, Kundengewinnung und Kundenbindung. Allerdings richtet sich das Studium an Teilnehmer, die eine abgeschlossene Fachausbildung und mindestens drei Jahre Berufserfahrung haben oder an Personen, die sich im Mediengewerbe selbstständig machen wollen, z.B. als Texter, Journalist oder Grafiker.

Das Werbepsychologie Studium nach dem Abitur sollte deshalb doch zunächst an einer staatlichen Universität absolviert werden. Zum Beispiel werden Verhaltensweisen, Theorien und Handlungsmöglichkeiten im

Studium erarbeitet. Daraus werden Verhaltens-, Gestaltungs-, und Trainingsmethoden entwickelt. Auch das Mensch-Umwelt-Verhältnis sowie zwischenmenschliche Ansätze und Methoden sind Bestandteil des Studiums. In "Modell und Feldsituationen" werden diagnostische und evaluierende Methoden erlernt und angewendet. Es wird hier empfohlen ein Praktikum vor Studienbeginn zu absolvieren.

**Vorkenntnisse für ein Werbepsychologie Studium von Vorteil**

Das Studium ist ein Teil des allgemeinen Psycholgiestudiums und sollte erst nach der Erarbeitung der psychologischen Grundlagen in Angriff genommen werden, es sei denn man hat bereits eine Berufsausbildung in diesem Bereich.

## Studienplatztausch: Was muss man dabei beachten?

Viele, viele Zettel hängen an den Pinnwänden der Universitäten Biete Humanmedizin im 3.Semester in Düsseldorf. Möchte gerne zum 4. Semester nach Köln wechseln. Inzwischen bieten einige Studenten sogar Tauschprämien in Geldform um einen Studienplatztausch zu ermöglichen, denn nicht selten befindet sich noch ein Partner oder sogar Familie am Heimatort.

### Studienplatztausch: So wirds gemacht!

**Suche eines Tauschpartners**

Wenn man Glück hat, findet man einen geeigneten Tauschpartner von seiner Wunschuni an den zahlreichen Pinnwänden der Uni. Falls dies nicht der Fall sein sollte, gibt es zu diesem Thema immer auch Onlineforen, wo man gerade zu Semesterbeginn besonders viele Angebote und Gesuche findet.

**Formulare**

Am besten ist es, wenn man sich mit dem Tauschpartner persönlich trifft, um die Antragsformulare auszufüllen. Dadurch kann man Daten abgleichen und ist sicher, dass der Tauschpartner es ernst meint und nicht im letzten Moment einen Rückzieher macht. Auf Nummer sicher für einen Studienplatzwechsel geht man, wenn man gleichzeitig und zusammen zu den Studierendensekretariaten geht. Denn sowohl die eigene Uni, als auch diejenige des Tauschpartners muss den Wechsel genehmigen und um sich an der neuen Hochschule einzuschreiben, muss man sich an seiner derzeitigen exmatrikulieren.

**Voraussetzungen**

Bevor man den Tausch vollziehen kann, muss man jedoch gewisse Voraussetzungen mitbringen. Der Tauschpartner für den

Studienplatztausch und die eigene Person sollten denselben Studiengang belegt haben, im gleichen Semester sein und dieselben Scheine erworben haben. Keiner der Partner darf endgültig seine Prüfungsberechtigung verloren haben, denn viele Studenten, die zweimal durch eine wichtige Prüfung gefallen sind, versuchen den Studienwechsel zu nutzen, um sich bessere Voraussetzungen zu schaffen.

**Alternative**

Eine Alternative zum Studienplatztausch ist die direkte Bewerbung im höheren Semester an der Wunschuni, denn immer werden auch durch Studienabbrecher wieder Plätze frei, ganz ohne Tauschstress.

## Ausbilderschein bei der IHK machen: Anleitung, Kosten und wertvolle Tipps

Den Nachwuchs zu fördern, wird in der heutigen Wirtschaft immer wichtiger, denn schon jetzt herrscht Fachkräftemangel. Um aber Auszubildene aufzunehmen und sachgerecht anzuleiten und zu einem erfolgreichen Abschluss zu bringen, muss das Unternehmen selbst erst die Möglichkeit haben dies zu tun

**Ausbilderschein: So wirds gemacht!**

**Voraussetzungen prüfen**

Um einen Ausbilderschein bei der IHK machen zu können, muss man über eine erfolgreich abgeschlossene Lehre sowie einige Jahre Berufserfahrung verfügen. Des Weiteren sollte man sich ausreichend auf die bevorstehende IHK Prüfung vorbereiten. Finanzielle Mittel für die Kosten müssen vorhanden sein. Viele Unternehmen unterstützen ihre Mitarbeiter auch in finanzieller Hinsicht, da es dem Unternehmen auch weiterhilft.

**Informationen einholen**

Zur Vorbereitung informiert man sich am besten bei der IHK vor Ort. Dabei sollte auch eine Liste aller benötigten Bücher erstellt werden. In jedem Fall ist es günstiger, sich auf eine Prüfung möglichst zeitnah vorzubereiten. Es gibt auch Angebote zum Beispiel von Volkshochschulen, die zur Prüfung spezielle Vorbereitungskurse anbieten.

**Der Ablauf**

Allgemein teilt sich der Ablauf bei diesem Ausbilderschein in drei Phasen auf. Die erste Phase ist mit der Informationssuche abgeschlossen, die zweite Phase beinhaltet eine ausgiebige Vorbereitung und die dritte Phase unterteilt sich nochmal in den IHK Lehrgang und die IHK Prüfung. Der Lehrgang beinhaltet insgesamt sieben verschiedene Lerninhalte, die auch in der Ausbildereignungsverordnung festgelegt ist. Die zu bezahlenden

Kosten sind sowohl für den Lehrgang als auch für die Prüfung aufzubringen. Innerhalb des Lehrgangs werden die Teilnehmer sehr genau und aufwendig auf die bevorstehende Prüfung vorbereitet. Der IHK Ausbilderschein erfordert eine Menge an Zeit für Vorbereitung und Lernen sowie einen erheblichen finanziellen Aufwand. Mit der entsprechenden Vorbereitung und der passenden Literatur ist die Prüfung aber zu schaffen.

## Bücher für die Bewerbung: Allgemeinwissen verbessern für die perfekte Bewerbung

Der Wissenstest richtet sich natürlich auf die angestrebte Ausbildung oder das angestrebte Studium. In vielen Tests geht es jedoch hauptsächlich um das Testen von Allgemeinwissen. So geht es zum Beispiel im Wissenstest einer Journalistenschule um politische Ereignisse, aktuelle Geschehnisse, populäre Personen des öffentlichen Lebens, finanzielle Ereignisse an der Börse und vieles mehr.

## Bücher für die Bewerbung: Die Top 10

### Das große Bewerbungshandbuch von Uwe Schnierda und Christian Pöttjer

In sechs Kapiteln beschreibt Christian Puttje die wesentlichen Bestandteile einer Bewerbung: Die Vorbereitung der Bewerbungsunterlagen, das Vorstellungsgespräch, Initiativbewerbungen, Onlinebewerbungen und das Assessement Center. Das Layout sowie die Sprache sind sehr gut und die Kompetenz des Autors wird deutlich.

### Durchstarten zum Traumjob: Das ultimative Handbuch für Ein-, Um-, und Aufsteiger von Richard Nelson Bolles

Wer schon einmal einen Job hatte, der ihm keinen Spaß gemacht hat, weiß, wie schwierig es ist, seinen Traumjob zu finden. Dieses Buch bietet einen Leitfaden, wie man für seine eigenen Interessen und Neigungen den richtigen Weg findet.

### Der Job, der zu mir passt: Das eigene Berufsziel entdecken und erreichen von Uta Glaubitz

Auf dem Weg zur Selbsterkenntnis braucht man geeignete Hilfe, um die eigenen Interessen und Talente beurteilen zu können. Dieses Buch hilft, geeignete Berufsziele zu entdecken, und auch in die Realität umzusetzen.

### Karrierefaktor Self Assessement von Doris Brenner und Frank Brenner

Für jede Art von Bewerbung ist es hilfreich, persönliche Stärken und Schwächen zu kennen. Dieses Buch hilft nicht nur, sie zu analysieren, sondern auch sie zu systematisieren. Dabei wird Schritt für Schritt auf die einzelnen Teilgebiete eingegangen: Fachkompetenz, soziale Kompetenz,

Methodenkompetenz, Medienkompetenz, Ziele und Möglichkeiten sowie die eigene Persönlichkeit.

**Jobsuche und Bewerbung im Web 2.0 von Svenja Hofert**

Fast jedes Buch, das sich mit Bewerbungen beschäftigt, enthält inzwischen ein Unterkapitel zum Thema Internet, weil es immer wichtiger für den Bewerbungsprozess wird. Daher ist dieses weiterführende Buch mit der Beschreibung von Networking, Blogs und Videobewerbung ein absolutes Muss.

**Duden - So schreibt man jetzt! Das Übungbuch zur neuen deutschen Rechtschreibung**

Das Allgemeinwissen verbessern und gleichzeitig die neuen Regeln der Rechtschreibung kennenlernen- ist mit diesem Buch hervorragend möglich. Auch die schwierigen Fälle der neuen Regeln werden ausgiebig behandelt.

**Die perfekte Bewerbungsmappe von Jürgen Hesse und Hans Christian Schrader**

Was man in einer Bewerbung unbedingt beachten sollte und was unbedingt zu vermeiden ist, erklärt dieses Buch in einer Weise, die für jeden verständlich ist und mit einer CD-ROM unterstützt wird.

**Testtraining Rechnen und Mathematik: Einstellungs- und Eignungstests sicher bestehen von Jürgen Hesse und Hans Christian Schrader**

Leider halten viele Menschen Mathematik für abstrakt. Mit zehn Aufgabentypen und rund 600 Beispielen verdeutlicht das Buch die Klarheit der Mathematik, und hilft die Berührungsängste zu verlieren. Mathematik gehört außerdem zum Allgemeinwissen, so dass man sich auch hier verbessern kann.

**Die 100 häufigsten Fragen im Vorstellungsgespräch: Richtig formulieren, verstehen, verhandeln von Jürgen Hesse und Hans Christian Schrader**

Wer vorgegebene Antworten liebt oder Erstbewerber ohne Vorkenntnisse ist, der wird dieses Buch lieben. Die am häufigsten gestellten Fragen werden erörtert und es wird geklärt, welche Bedeutung wirklich hinter ihnen steckt. Es gibt außerdem Ratschläge, was man erwähnen sollte und was besser nicht.

Die überzeugende schriftliche Bewerbung: Bewerbungsanschreiben und Lebenslauf erfolgreich formulieren und optimal gestalten von **J. Hesse und H. C. Schrader**

Hilfreiche Tipps zur Gestaltung eines Lebenslauf, anhand von Mustern, bis hin zur kompletten Bewerbungsmappe erhält der Leser in diesem Buch. Außerdem zeigt es, wie man sich durch Kreativität von der Masse der

Bewerber abhebt. Auch dieses Buch hilft das Allgemeinwissen zu verbessern, da sprachliche Formulierung in jeder Branche sehr wichtig sind.

## TOEFL Test: So ist er aufgebaut

Der TOEFL Test ist hauptsächlich ein Multiple-Choice-Test. Es werden verschiedene Antwortmöglichkeiten vorgegeben und die Testperson muss eine Antwort auswählen und ankreuzen. Insgesamt dauert der Test rund vier Stunden inklusive zehn Minuten Pause. Außerdem sollte man 30 Minuten vor Beginn des Tests eintreffen. Somit empfiehlt es sich, dass man sich für den Test einen Tag frei nimmt, da man eventuell auch die An- und die Abreise einrechnen muss. Während des ganzen Tests werden die Teilnehmer per Video überwacht. Wichtig: Melden Sie sich sehr frühzeitg hierfür an. Insbesondere in den größten deutschen Städten ist kurzfristig kaum ein Termin zu bekommen.

TOEFL Test: Das wird gefordert!

### Reading Comprehension

In diesem Teil des Tests sollen drei bis vier Texte gelesen und Fragen dazu beantwortet werden. Es wird dabei getestet, ob der Teilnehmer die Inhalte des Textes und den dargestellten Kontext verstanden hat.

### Listening

Hier werden Dialoge aus Vorlesungen vorgespielt und die Teilnehmer beantworten Fragen zu den Inhalten. Aber auch Haltungen und Meinungen der Sprecher werden im TOEFL Test abgefragt.

### Speaking

Der dritte Teil des Tests teilt sich in drei Abschnitte. Im ersten Abschnitt werden Aussagen zu allgemeinen Themen gemacht. Im zweiten Teil werden Fragen zu Texten und im dritten Abschnitt Fragen zu einem Dialog oder Vortrag gestellt.

### Writing

Der TOEFL Test verlangt im vierten Teil von den Teilnehmern eine schriftliche Darstellung, wie sich ein eingespielter Vortrag auf einen vorliegenden Aufsatz bezieht. Danach muss ein kurzer Aufsatz zu einem allgemeinen Thema verfasst werden.

Tipps und Hinweise

- Der TOEFL Test ist in vier Abschnitte eingeteilt und dauert vier Zeitstunden. Deshalb sollte man sich eine Stunde pro Abschnitt nehmen.

- Der TOEFL Test wird mit einer Punktzahl von 0 bis 120 Punkten bewertet. An Hochschulen sind 80 Punkte die Mindestvoraussetzung zur Aufnahme.
- Die Inhalte des Tests beziehen sich vor allem auf das akademische Leben, da der Test auf akademische Belange ausgerichtet ist.

## Assessment Center Übungen: Die 10 besten Tests zur Bewerberauswahl

Zu den Möglichkeiten von Assessment Center Übungen gehören Einzelübungen, Gruppenübungen, Präsentationen und Tests.

Assessment Center Übungen: Die Top 10

### Aufsatz

Durch diese Einzelübung werden schriftliche Kommunikationsfähigkeit und die Aufbereitung von Themen geprüft. Außerdem kann diese Übung zur Überbrückung einer Zeit dienen, in der die Anspannungs- und Leistungsbereitschaft gehalten wird.

### Postkorb

Stressresistenz, Entscheidungsfähigkeit, Arbeitsorganisation und Konzentration werden bei der Postkorbübung getestet. Hierbei müssen vom Bewerber wichtige von unwichtigen Aufgaben unterschieden werden und anschließend nach Dringlichkeit sortiert werden.

### Rollenspiel

Besonders wertvoll sind Assessment Center Übungen bei einem Rollenspiel für zu besetzende Führungspositionen. Hier werden nämlich Führungskompetenz, Konfliktmanagement, Gesprächsverhalten und Entscheidungsfähigkeit geprüft. Es kann entweder als Mitarbeitergespräch oder als Kundengespräch angelegt sein.

### Interview

Das Interview zielt vor allem auf die Leistungsmotivation und die Stärken und Schwächen des Bewerbers ab. Dabei geht es auch darum eine Selbsteinschätzung vom Bewerber zu erhalten.

### Unternehmensplanspiel

Das Unternehmensplanspiel gehört zu den Gruppenübungen und soll die Analysefähigkeit und Entscheidungsfähigkeit herausstellen. Dabei wird ein fiktives Unternehmen geführt. Von der Personalverwaltung hin zur Übernahme eines fremden Unternehmens können hier Situationen durchgespielt werden.

**Konstruktionsübung**
Ergebnisorientierung und organisatorische Fähigkeiten werden bei den Konstruktionsübungen getestet. Ein bestimmtes Objekt muss hierbei unter bestimmten Voraussetzungen angefertigt werden. Papier, Schere und Klebstoff sollten dazu ausreichen.

**Gruppendiskussion**
Die Gruppendiskussion kann entweder geführt oder führerlos abgehalten werden, mit oder ohne Themenvorgabe, mit oder ohne feste Rollenverteilung. Dabei können soziale Kompetenzen wie Teamfähigkeit, Kompromissbereitschaft und Rücksichtnahme beobachtet werden.

**Selbstpräsentation**
Bei einer Selbstpräsentation haben die Bewerber die Möglichkeit, Werbung für die eigene Person zu machen und einen ersten Eindruck zu vermitteln. Außerdem erfährt man, ob der Kandidat die geeignete Person für die Stellenausschreibung ist.

**Gruppenpräsentation**
Hierbei wird sich jeder einzelne Bewerber in einer Gruppe von vier Leuten mit seiner eigenen Biografie vorstellen und die Gemeinsamkeiten der Gruppe herausstellen.

**Leistungstest**
Die letzte der Assessment Center Übungen ist der Leistungstest. Konzentration und Leistungsfähigkeit werden hier zum Beispiel anhand von 200 Rechenaufgaben überprüft. Der Persönlichkeitstest stellt die individuellen Eigenschaften und Charaktereigenschaften heraus.

### Das Leben als Volontär: Welche Rechte hat man im Volontariat?

Das Volontariat bei Zeitschriften und Zeitungen ist tarifvertraglich geregelt. Länge, Inhalte und Bezahlung sind festgelegt. In einem Redaktionsvolontariat ist der Volontär in verschiedenen Abteilungen eines Zeitungs- oder Zeitschriftenverlag beschäftigt. Neben lokalen Nachrichten und Politik als Pflichtabteilungen ist ein Wahlbereich zu durchlaufen. Dieser kann aus den Bereichen Wirtschaft, Sport oder Kultur stammen. Volontäre haben das Recht auf ein oder mehrere vierwöchige überbetriebliche und zweiwöchige innerbetriebliche Veranstaltungen.

### Das Volontariat und die Rechte des Volontärs

Das Berufsbildungsgesetz schreibt dem Volontariat eingeschränkte Rechte, wie das Recht auf Urlaub oder Bezahlung zu. Es ähnelt rechtlich somit einem Praktikum, da kein Fachabschluss gemacht werden kann.

Im öffentlichen Rundfunk wird ein Volontariat mit etwa 1200 Euro, bei privaten TV-Sendern mit bis zu 1650 Euro honoriert. Im Museumsbereich wird entsprechend der Bezüge von Ärzten im Praktikum bezahlt. Die Besoldung liegt damit zwischen 1010 Euro und 1318 Euro. Auf dem allgemeinen Arbeitsmarkt werden von 410 Euro in einer PR- Agentur bis 1650 Euro in einer Redaktion gezahlt.

Oft führt ein Volontär auch ein Projekt, wie zum Beispiel die Aufführung einer Tanzveranstaltung, die Konzepterstellung einer Vernissage oder die Öffentlichkeitsarbeit durch. In seltenen Fällen endet das Volontariat bereits im Sekretariat oder beim Besuchsempfang.

Beim Unterzeichnen des Vertrags sollte man darauf achten, dass der Vertrag die genaue Dauer des Volontariats von Anfang bis Ende beinhaltet. Es sollte ein Ausbildungsplan und eine ausbildende Person existieren. Der Vertrag sollte den tariflichen Bestimmungen entsprechen und Urlaub, sowie das Monatsgehalt aufführen. Ein Zeugnis am Ende der Tätigkeit gehört genauso zu den Pflichten des Arbeitgebers, wie die Ermöglichung einer Tätigkeit, die dem Berufsbild entspricht. Dazu können Bearbeitungen von Manuskripten, das Erstellen von Nachrichten, die Akquise von Einträgen sowie die Autorenpflege gehören.

## Richtig zitieren: gute Zitiertechniken und Tipps zur Vermeidung eines Plagiats

Gewisse Regeln sollten eingehalten und vor der Anfertigung einer wissenschaftlichen Arbeit erlernt werden, um die Zitiertechnik von Anfang an richtig einzusetzen. Eine Arbeit in diesem Sinne wird oftmals auch danach berurteilt. Grundvoraussetzung für eine solche ist somit richtig zitieren.

### Richtig zitieren: Was wird benötigt?

- Literaturliste
- Bücher

### Richtig zitieren: So wirds gemacht!

#### Quellenangabe

Für alle Zitate müssen Name des Autors und die Quelle angegeben werden. Zunächst wird der Nachname, dann der Vorname genannt. Es folgt ein Doppelpunkt und der Titel des Buches oder der Zeitschrift. Anschließend folgt ein Punkt, der Verlag und sein Ort sowie das Erscheinungsjahr.

**Eigene Formulierungen**

Eigene Formulierungen müssen von Zitaten getrennt werden und dürfen nicht in Anführungszeichen gesetzt werden. Sobald auch nur ein einziges Wort des Zitates verändert wird, gilt es nicht mehr als Zitat.

**Länge des Zitats**

Das Zitat sollte nur so lang wie nötig sein, aber doch so, dass man den Sinn desselben versteht und es in den Zusammenhang passt.

**Zusammenhang des Zitats**

Grammatisch sowie kontextuell sollte das Zitat in den eigenen Text passen bzw. angepasst werden. Eventuelle Umformulierungen der eigenen Gedanken sind häufig notwendig, um richtig zitieren zu können.

**Originalausgabe nutzen**

Nur aus der Originalausgabe kann man richtig zitieren. Diese kann in der Bücherei nachgefragt werden.

**Richtig zitieren**

Grammatische Fehler sowie Fehler in der Rechtschreibung und Zeichensetzung müssen immer korrekt zitiert werden und dürfen nicht korrigiert werden.

**Methoden des Zitierens**

Nach der Fußnotenmethode erfolgt im Text hinter den Anführungszeichen nur eine Hochzahl. Die dazu gehörige Angabe erfolgt am Seitenende. Im Text selber müssen nach dem Zitat Klammern gesetzt werden, um die Angabe zu machen.

**Tipps und Hinweise**

- Lassen Sie ihren Text nach der Bearbeitung ruhig einige Tage liegen und lesen Sie ihn dann noch einmal zur Korrektur. Eventuelle Fehler fallen dann schneller ins Gewicht.

## E-Mail Knigge: Was sollte man beim E-Mail Schreiben beachten?

Der Großteil der heutigen Kommunikation findet über E-Mail statt. Oftmals wird dies allerdings nicht so ernst genommen und wichtige Schreibregeln nicht beachtet. Deshalb entwickelte sich mit der Zeit ein Regelwerk, das die Gesetze des E-Mail Schreibens beschreibt, der E-Mail Knigge.

**E-Mail Knigge: So wirds gemacht!**

Regeln des E-mail Schriftverkehrs

Der E-Mail Knigge rät die Email kurz und präzise zu verfassen.

Rechtschreibung und Grammatik müssen natürlich in Ordnung sein. Inzwischen gibt es Computerprogramme, die Fehler automatisch verbessern. Umso mehr macht es einen schlechten Eindruck, wenn Fehler im Text versendet werden. Man wird denken, dass sich der Autor keine Zeit genommen hat oder eine nicht ernst zu nehmende Person ist. Neben der Genauigkeit ist auch die Reaktionsgeschwindigkeit entscheidend.

**Kommunikation**

Um die Kommunikation nicht zu unterbrechen, sollte man schnell auf erhaltene Emails antworten. Dazu ist eine mehrfache Kontrolle des Posteingangs am Tag sinnvoll. Eine Benachrichtigungsmail sollte jedoch nicht in jedem Fall verwendet werden. Auch mit der Funktion "Antwort an alle" sollte sparsam und nur wenn notwendig umgegangen werden. Andernfalls ist der Speicher sehr schnell voll. Komplizierte Sätze sollten vermieden werden, damit die Nachricht einfach lesbar bleibt. Sinnabschnitte sind wie bei einem Brief anzuwenden. Laut E-Mail Knigge sollte man **moderne E-mail-Features** verwenden. Darunter fallen zum Beispiel die automatische Antwort, Wiederversenden, Übermittlungsbestätigung oder Rückruf. Wichtig ist auf jeden Fall auch das Verfassen der E-mail analog zu einem schriftlichen Dokument. Das heißt auch eine Unterschrift darf nicht fehlen.

**Formale Regeln und die Signatur**

Ergebnisse aus Gesprächen können in E-Mails protokolliert werden. Vorsichtig sollte man allerdings mit dringlichen Informationen sein und sie besser nicht auf dem elektronischen Wege versenden. Bei offiziellen Anschreiben beachtet man besser die rechtlichen Bestimmungen, welche die Angabe der Pflichtangaben wie Rechtsform, Sitz, Registergericht und Unternehmensleitung beinhalten.

## Paketstation richtig bedienen: Pakete richtig abholen und verschicken

Um es den Kunden zu ermöglichen bei jeder Tageszeit ein Paket zu versenden, bzw. zu empfangen, hat die Deutsche Post unter ihrem Tochterunternehmen DHL bundesweit Paketstationen eingeführt. Zur Zeit existieren davon 2500 in Deutschland. 2004 bekam diese Einrichtung den World Mail Award in der Kategorie Innovation. Um sie für alle Kunden zugänglich zu machen, sollten diese darauf achten, die Paketstation richtig bedienen zu können.

**Paketstation richtig bedienen: Was wird benötigt?**

- Kundenkarte von DHL mit PIN-Nummer
- EC oder Geldkarte

## Paketstation richtig bedienen: So wirds gemacht!

### Adressierung des Pakets

Die Beschriftung des Pakets muss streng nach folgendem Muster erfolgen: Zunächst kommt Vor-und Nachname des Empfängers, darunter folgt die Post-Nummer des Empfängers, welche ihm speziell zugeordnet ist. Die Packstationsnummer des Ortes kann in einem Verzeichnis nachgeschlagen werden und folgt bei der Beschriftung der Post-Nummer. Schließlich sollten die Postleitzahl und die Ortsangabe darunter nicht fehlen. Der genaue Ort des Paketautomaten sollte dann dem Empfänger telefonisch, per Email oder per SMS mitgeteilt werden.

### Paket abholen

Den Zeitpunkt, wann der Empfänger das Paket abholen kann, erhält dieser, wenn er eine SMS oder eine Email der Deutschen Post bekommt. In der Nachricht stehen jedoch weder Sendenummer noch Name des Absenders. Der Empfänger sollte jedoch in jedem Fall in der Lage sein, die Paketstation richtig bedienen zu können. Um die Paketstation richtig bedienen zu können, braucht der Emfänger nun eine Kundenkarte und die PIN-Nummer, die am Automaten eingelesen werden. Handelt es sich um eine Nachnahmesendung, kann an der Paketstation mit EC- oder Geldkarte bezahlt werden.

### Tipps und Hinweise

- Ist das versendete Paket zu groß, wird es direkt an die entsprechende Filiale der Deutschen Post weitergeleitet und kann dort am nächsten Tag für sieben Werktage abgeholt werden.
- In der Paketstation lagert die Sendung neun Tage, bis sie zurück zum Absender gesendet wird.
- Hat der Empfänger einmal das Paket abgeholt, gibt es für ihn keine Rückgabemöglichkeit mehr.

# Der Beruf und dann...?

Neben dem eigentlichen Business gibt es auf Geschäftsreisen und im privatem Leben eine Menge Dinge, die außerdem interessant für das Leben sind. Um nicht nur stur geradeaus zu gehen, sollte man sich rechts und links nach neuen Möglichkeiten umsehen, auch um den eigenen Horizont zu erweitern.

Gerade Frauen sehen neben dem eigentlichen Geschäftsleben häufig auch weitere Möglichkeiten ihre Zeit sinnvoll zu nutzen. Sei es um sich mit den zwischenmenschlichen Beziehungen innerhalb des Teams auseinander zu setzen oder außergeschäftliche Veranstaltungen zu planen. Denn wer viel arbeitet, braucht auch Entspannung, ein ruhiges zu Hause und Abwechslung zum stressigen Berufsalltag.

Manchmal sind Frauen beruflich auch gezwungen alleine zu reisen und Geschäfte sowie Meetings alleine abzuwickeln. Gefahren und Besonderheiten des jeweiligen Landes und der Kultur, sollten vorher auf jeden Fall recherchiert werden, um nicht in ein unangenehmes Fettnäpfchen zu tappen. Außerdem besteht bei modernen Unternehmen immer auch die Möglichkeit seine Kinder mit auf Geschäftsreise zu nehmen.

## Die Frauenquote in Führungspositionen - 10 Überlebensstrategien für Alpha Männer

Häufig sind Frauen in Deutschland besser ausgebildet als Männer.

Um ihnen die Möglichkeit zu bieten, diese Fähigkeiten auch einsetzen zu können, hat soll eine Frauenquote in Führungspositionen eingeführt werden.

Damit die bisherigen Alpha-Männer keine Angst bekommen, hier ein paar Vorschläge, um besser mit der Veränderung umzugehen.

Frauenquote in Führungspositionen: Die Top 10

### Weibliche Stärken

Das Frauen nicht genauso arbeiten wie Männer, ist den meisten auch bewusst. Frauen bringen mehr Emotionen ins Spiel und vertrauen auch eher einmal ihrer weiblichen Intuition. Männer, die mit solchen Frauen zusammenarbeiten, sollten sich darauf einstellen, dass sie ihre rationalen Denkweisen hier nicht anwenden können, sondern sollten versuchen, sie menschlich zu verstehen.

**Teamarbeit anstatt Konkurrenz**

Frauen in Führungspositionen arbeiten oftmals lieber mit einem funktionierenden Team anstatt mit einem Haufen Einzelkämpfer. Alpha-Männer sollten sich hierbei überlegen, ob sie Teil des Teams sein möchten oder sich eher auf einem Einzelposten behaupten wollen, womit man allerdings leicht ins Abseits geraten kann.

**Kommunikation**

Weibliche Kommunikation kann mitunter für Männer missverständlich sein. Genaues Zuhören und Verstehen sind die Grundbausteine in einer gut funktionierenden Kommunikation.

**Mobbing**

Da sich viele männliche Mitarbeiter, insbesondere Alpha-Männer, mit einer weiblichen Führungsposition vor der Nase schwer tun, kommt es oft zu verachtendem oder sogar geschäftsschädigendem Verhalten. Diese Männer sollten sich jedoch in Acht nehmen, da Frauen in Führungspositionen in den seltensten Fällen schwach sind und zusätzlich auch am längeren Hebel setzen.

**Eigene Stärken einbringen**

Die Frauenquote in Führungspositionen sollte einen Mann in keinem Fall davon abhalten, die eigenen Stärken in das Unternehmen einzubringen. Es gibt immer etwas, womit sie sich hervorheben können. Eventuell muss es nur an die weibliche Leitung angepasst werden.

**Gleichheitstheorie**

Die Gleichheit von Frau und Mann am Arbeitsplatz ist zwar gesetzlich vorgeschrieben, ist in der Praxis aber häufig schwierig umzusetzen, da Kinder im Normalfall auch heute noch von den Frauen versorgt werden. Geeignete Unterstützungsmaßnahmen gibt es zur Zeit nur in wenigen Firmen. Männer, die eine Frau und gleichzeitig auch Mutter als Chefin haben, sollten sich darauf einstellen, dass Gespräche oder Meetings schon einmal wegen der Kinder unterbrochen werden können.

**Differenzen**

Während die Frauen schon seit der Steinzeit gelernt haben, am Herd zu stehen und damit ihre Sozialkompetenz aufgebaut haben, waren Männer für die Jagd zuständig. Dies spiegelt sich in der Arbeitswelt in unterschiedlichem Selbstmarketing, Leistungs- und Konkurrenzverhalten wider. Die Frau nimmt dabei eher die passive Rolle ein und schreibt eigene Erfolge eher Äußeren Umständen zu. Aus diesem Grund können männliche Mitarbeiter ihre Kolleginnen nach Erfolgen stärken, indem sie ihr Positives aufzeigen und der Frau so zu mehr Selbstbewusstsein verhelfen.

**Führungsstil**

Frauen weisen einen transformationalen Führungsstil auf. Dabei werden Vertrauen, Motivation und das Eröffnen von neuen Handlungsspielräumen in den Vordergrund gestellt. Männer bevorzugen eher den transaktionalen Führungsstil, der auf Verantwortung, Geben und Nehmen, Leistungsverstärkung und Bestrafung bei Zielverfehlung setzt. Ideal wäre eine Mischung aus beiden Führungsstilen, wobei man abwägen muss, inwieweit sich die weibliche Führung für eine Beteiligung der männlichen Seite auf Führungsebene öffnet.

**Business Dress**

Trotz den allgemeinen Richtlinien für geschäftliche Kleidung und gebotener Professionalität, hört man doch immer wieder von Vorfällen, bei denen Frauen aufgrund ihres Auftretens anzügliche Bemerkungen zu Ohren kommen. Dies ist höchst unprofessionell und kann das Arbeitsverhältnis sowie das Selbstverständnis der weiblichen Führung erheblich schwächen.

**Weibliche Konkurrenz**

Oftmals gibt es nicht nur zwischen Männern und Frauen Schwierigkeiten, sondern auch zwischen Frauen und Frauen. Denn auch dort herrscht oft genug Konkurrenzkampf und intrigantes Verhalten. Für einen Mann, der in solch einen Streit verwickelt wird, ist es wichtig, einen kühlen Kopf zu bewahren und keine der Damen, ob Chefin oder Mitarbeiterin, zu bevorzugen, sondern neutral zu handeln.

## Jetset-Leben: 10 Tipps für den Umgang mit Jetlag, Stress und Erschöpfung

Das Jetset-Leben bereitet so manch einem eine Menge Spaß und bedeutet für viele eine erhöhte Lebensqualität. Dennoch darf man auch die Schattenseite dieses Lebens nicht verschweigen, denn durch die Zeitverschiebung kommt es häufig zu Schlafstörungen und einer erhöhten Ermüdung. Der normale Schlaf des Menschen gliedert sich für gewöhnlich in verschiedene Phasen, die nacheinander ablaufen. Besonders wichtig ist die Tiefschlafphase und eine Phase mit schnellen Bewegungen der Augen bei geschlossenen Lidern. Die Letztere wird REM-Phase genannt. Das sogenannte "Rapid Eye Movement" pendelt sich nach einer Reise mit Zeitverschiebung erst nach einer Woche wieder ein.

Jetset-Leben: Die Top 10 für ein Leben auf der Überholspur

**Vorbereitung**

Als Vorbereitung für den Körper hilft es, wenn man sich der Zeitzone, in die man fliegt, langsam annähert. Man sollte also entweder früher oder später schlafen gehen. Falls man nach Osten reist, sollte man früher zu Bett gehen. Eine Reise nach Westen sollte ein späteres Zubettgehen zur Folge haben.

**Im Flugzeug schlafen**

Vor allem wenn man am Abend am Zielort ankommt, kann man im Flugzeug eine kleine Schlafpause einlegen und sich somit schon mal an die neue Zeitzone gewöhnen.

**Uhr verstellen**

Emotional und psychologisch wirkt die Zeitumstellung bereits im Vorhinein und hilft ebenfalls bei der Anpassung.

**Klima**

Um sich schnell an das andere Klima zu gewöhnen, sollte man nach Ankunft möglichst schnell ein paar Sonnenstrahlen erhaschen, die einen willkommen heißen.

**Getränke**

Während des Fluges sollte man auf koffeinhaltige Getränke verzichten, sondern auf Wasser zurückgreifen.

**Schlaf nach der Ankunft**

Nach der Ankunft am Zielort ist es unbedingt notwendig bis nach 21 Uhr gemäß der dortigen Zeitzone aufzubleiben, da ansonsten die innere Uhr gestört ist.

**Bewegung vor und nach dem Flug**

Joggen, Gymnastik oder Laufen helfen den Jetlag zu vermindern. Der innere Stress wird dadurch abgebaut.

**Ergänzungsmittel**

Das Hormon Melatonin soll bei einem Jetset-Leben hilfreich sein. Unbedingt sollte man jedoch vorher seinen Arzt kontaktieren, um zu erfragen, ob dieses Ergänzungsmittel für einen geeignet ist.

**Wohlfühlen**

Im Handgepäck sollte man immer Dinge tragen, die eine positive Erinnerung oder ein positives Gefühl hervorrufen. Das kann eine Decke, ein Stofftier oder ein Buch sein.

**Auszeit**

Eine Auszeit vom Beruf und vom stressigen Jetset-Leben kann man vor allem bei einer Massage oder bei einem Saunagang genießen. In nahezu jedem Hotel findet man Wellnessangebote, die einem helfen sich zu entspannen.

### Das Nerotal in Wiesbaden: Spannender Villenrundgang durch die Stadt

Ein Villenrundgang in Wiesbaden ist eine Stadtführung, die sich Nerotal nennt. Damals waren die Bewohner hier nur darauf aus die Ausritte des Kaisers zu beobachten. Das Viertel des Nerotals erkennt man schon von weitem an den goldenen Kuppeln der griechischen Kapelle auf dem Neroberg.

**Mit der Nerobergbahn den Villenrundgang in Wiesbaden beginnen**

Schon seit 1888 können hier Touristen mit der Nerobergbahn diesen Aussichtspunkt besichtigen. Die Bahn selber, ist eine Drahtseilbahn, die mit Wasser betrieben wird. Am Rande des Hausberges des Nerotals befinden sich weitere Villenanlagen. Die Anlagen erinnern an einen englischen Park durch den der Schwarzbach fließt. Die einmaligen Häuser sind alle nach Süden ausgerichtet und bieten durch ihre Hanglage einen beeindruckenden Blick und viel Sonne. Wer hier ein Haus besitzt, kann sich stolz den Besitzer einer Jugendstilvilla mit bis zu 800 Quadratmetern Wohnfläche oder eines Hause aus den 50er Jahren nennen.

**Exklusives Wohnen im Nerotal**

Wer hier eine Immobilie mieten möchte, bezahlt ca. 14 Euro pro Quadratmeter. Wer sich zu einem Kauf entscheidet, sollte mit Preisen ab 2 Millionen Euro rechnen. Im unteren Teil des Nerotals, am Freizeit- und Erholungspark, entdeckt man bei dem Villenrundgang in Wiesbaden vor allem 60er Jahre Wohnungen und Doppelhäuser. Hier bezahlt man im Kaufpreis den Freizeitwert durch Tennisplätze, Hockeyplätze und Reitställe gleich mit. Auch Wiesbadens schönstes Freibad, das Opelbad, befindet sich in direkter Nähe. Ein besonderes Merkmal der Region ist der vier Hektar große Weinberg auf dem fruchtig-würziger Riesling angebaut wird.

Ein Villenrundgang in Wiesbaden im Nerotal ist online bei der Stadt zu buchen und dauert rund anderthalb- bis zwei Stunden. Treffpunkt ist immer die Talstation Nerobergbahn.

### Theater in Berlin: Die besten Angebote für ermäßigte Tickets

Ist man Theaterfan und möchte nicht immer gleich ein halbes Vermögen für einen Theaterbesuch ausgeben tritt man am besten einem Theaterverein bei. Hier kann man Karten zu ermäßigten Preisen erhalten, spart die Vorverkaufsgebühren, erhält portofrei die Karten zugeschickt und hat die freie Wahl aus vielen Theaterveranstaltungen.

Theater in Berlin: So wirds gemacht!

**Theaterverein suchen**

Im Internet gibt es eine Menge Theatervereine in und um Berlin Die Leistungen der verschiedenen Vereine unterscheiden sich jedoch sehr. Vom Monatsmagazin bis hin zur kompetenten Beratung wird fast alles Angeboten. Am besten vergleicht man die Angebote im Internet und entscheidet sich eventuell mit Freunden oder Familie, welchem Verein man beiteten möchte. Ermäßigung gehört zu fast jedem Programm der Vereine. Wie hoch diese ist, hängt natürlich auch davon ab, ob man bereits berufstätig ist oder noch studiert. Die meisten Vereine sind telefonisch oder per E-mail erreichbar.

- Bei dem **Berliner Theaterclub** (www.laur-veranstaltungen.de) gibt es beispielsweise für 15 Euro Jahresbeitrag die freie Auswahl aus 10.000 Angeboten und spezielle Clubveranstaltungen wie z.B. Frühstück im Theater.
- Die **TheaterGemeindeBerlin** (www.tg-berlin.de) ermöglicht auf 150 Bühnen in der Stadt ermäßigten Eintritt. Sie stellt außerdem 900 Veranstaltungen, darunter auch Opern und Ballett zur Auswahl und bietet auch Besuche in Museen und Restaurants. Die Mitgliedbeiträge liegen hier bei 2,50 Euro.

**Nach der Anmeldung**

Ist man dem Verein beigetreten, sollte man zuerst einmal erkundschaften, welche Theater in Berlin es überhaupt gibt und sich über die Programme und aufgeführten Stücke im Spielplan informieren. Theater in Berlin führen sowohl klassische Stücke als auch moderne und alternative Stücke auf. Am besten schreibt man sich die Stücke, die man gerne sehen möchte schon einmal in seinen Kalender und bestellt sofort im Anschluss die Karten per Telefon oder E-mail. Diese müssten dann einige Tage später in ihrem Briefkasten liegen. Besonders beliebt, wegen ihrer Vielfalt und Farbenfrohheit, sind auch ermäßigte Tanzveranstaltungen und Aufführungen, die auch oft zum Programm gehören.

**Billige Hostels in Berlin: Die Top 10**

Billige Hostels in Berlin findet man in fast allen Stadtteilen Berlins, ob auf dem Prenzlauer Berg oder in Kreuzberg. Ich habe hier eine kleine Auswahl getroffen. Viel Spaß beim Berlin Aufenthalt!

Billige Hostels in Berlin: Die Top 10

**RIXPACK Hostel**
Das erste Backpacker Hotel in Neuköln bietet direkte Verkehrsanbindung zu U-Bahn und Nachtbus in Stadtmitte zum Privatzimmerpreis von 11 Euro pro Nacht. Somit zählt es zur Kategorie "Billige Hostels in Berlin".

**PLUS Berlin**
Erst in diesem Sommer eröffnet wurde das Hostel im Friedrichshain mit direkter Verkehrsanbindung und optimaler Lage zu Cafes und Restaurants. Auch die East Side Gallery, wo sich das längste Stück der Berliner Mauer befindet, liegt in der Nähe. Für eine Übernachtung zahlt man hier 14,50 Euro.

**Generator Hostel Berlin**
Mit seinen 904 Betten gehört das Hostelzu den weltweit besten Zehn und pulsiert durch seine zahlreichen Gäste. Für 15 Euro pro Übernachtung bietet man den Gästen hier eine kostenlose Stadtführung durch Berlin und ein kostenloses Frühstück bis 11 Uhr. Täglich werden Kneipentouren veranstaltet.

**Hostel Aloha**
Wer den Checkpoint Charlie, das Brandenburger Tor oder die Berliner Mauer besichtigen will, ist in diesem ruhigen und gemütlichen Hostel gut aufgehoben. Zum Preis von 16 Euro für das Mehrbettzimmer sind Internet, WLAN, Frühstück, Bettwäsche und Stadtpläne miteinbegriffen.

**East Seven Berlin Hostel**
"Das beste Hostel Deutschlands 2008 und 2009″ befindet sich mitten im Stadtzentrum. Die relaxte Atmosphäre trägt mit einem Preis von 17 Euro zum Wohlfühlen und Erleben von Berlin bei.

**Pfefferbett Hostel**
Ein unvergleichliches Nachtleben bietet das Szeneleben auf dem Prenzlauer Berg. Wer dort übernachten will, ist im Pfefferbett Hostel zu 18 Euro pro Nacht gut aufgehoben.

**baxpax Mitte Hostel**
Internationales Publikum findet sich im ersten Hostels Berlins zu 19 Euro. Das zeigt: Billige Hostels in Berlin können auch anspruchvollen Gästen gerecht werden.

**baxpax Mitte Hostel BerJetpak Forest**
Das wohl umweltfreundlichste Hostel Berlinsgewinnt seine Energie zu 100 Prozent aus erneuerbaren Energien. erstklassiger Komfort und preisgekröntes Personal laden zu 19 Euro im Privatzimmer ein.

**baxpax Downtown Hostel**

Einen hohen Standard und eine entspannte Atmosphäre warten zu 20 Euro in diesem Hotel auf seine Gäste.

**U inn Berlin**

Der populäre Alexanderplatz, das Brandenburger Tor und zahlreiche Kneipen, Clubs und Shops warten auf die Gäste im U Inn Berlin. Mit 21 Euro pro Nacht übernachtet man umgeben von diesen Sehenswürdigkeiten.

## Ausflüge rund um München: So wirds gemacht!

**Isar-Floßfahrt**

Eine Isar-Floßfahrt wird von den Veranstaltern als ein wahres Erlebnis um München beschrieben. Auf einer Gesamtlänge von 28km fährt man abhängig vom Wasserstand rund 5-7 Stunden vorbei an der Pupplinger Au, dem letzten Landschaftsschutzgebiet in Bayern und am Mühltahl mit der längsten Floßrutsche Europas, die einen Höhenunterschied von 18 Metern auf 350 Metern Gesamtlänge aufweist. Vorbei am Georgstein fährt die Reise zur Grünwalder Burg und zur Zentrallände in München-Thalkirchen, wo der Ausflug dann auch endet. Die Preise für eine Fahrt liegen zwischen 133 Euro bis zu 15 Personen und 119 Euro ab 41 Personen.

**Schloss Neuschwanstein**

In der Einsameit der Berge erbaute Ludwig II zwei Traumschlösser. Zum einen das Schloss Neuschwanstein zum anderen das Schloss Linderhof. Das Schloss Neuschwanstein zählt zu einem Muß, wenn es um Ausflüge rund um München geht. Die abendländische Baukunst begeistert Besucher rund vier Stunden lang. Ein idealer Platz für ein Mittagessen bietet Hohenschwangau. Foto- und Einkaufsmöglichkeiten finden sich in Oberammergau. Insgesamt muss man mit einer insgesamten Dauer von 10,5 Stunden und einem Preis von 45 Euro für Erwachsene und 24 Euro für Kinder rechnen .

**Museum der Phantasie**

Besonders geeignet für Ausflüge rund um München mit Kindern ist das Buchheimmuseum, das eine tolle Sammlung in einem Park am Stanberger See besitzt. Expressionistische Gemälde und Graphiken findet man hier genauso, wie afrikanische Kunst und Karusseltiere. Buchheimselber stellt Malereien und Photografien aus. Für Erwachsene liegt der Eintrittspreis bei 8,50 Euro, für Kinder unter 6 Jahren ist der Eintritt frei.

**Westend: Münchens Multi-Kulti Viertel**

Westend liegt auf einer Hochebene in direkter Nähe zum eiszeitlichen Isar-

Stromtal. Im Osten wird der Stadtteil durch die Theresienhöhle begrenzt; im Norden, Süden und Westen durch Bahnlinien. Bis ins 19. Jahrhundert war dieser Innenstadtrandbereich kaum bewohnt und gehörte zu den Dörfern Untersendling und Neuhausen. Durch das Vorkommen von Sand- und Kiesgruben konnte München hier Baukies abtragen. Die alten Feldwege, die dort hinführten, sind heute zu Straßen ausgebaut wie zum Beispiel die Teresienhöhe, Westendstraße und Bergmannweg. Um 1800 entstand in dem Stadtteil der Bier-Lagerkeller, wofür die Hangkante mit Kastanien bepflanzt wurde, um den nötigen Schatten spenden zu können. Ab 1812 war dort auch der Bierausschank gestattet und lockte zahlreiche Besucher in die Biergarten Nach 1850 setzte auch hier die Industrialisierung ein, die durch die entstehenden Bahnlinien zu einer schnellen Bevölkerungszunahme führte. Arbeitgeber waren zu der Zeit unter anderen die Augustner Brauerei, die Nähmaschinenfabrik Strobel und die Gummifabrik Metzeler. Bau- und Wohnungsgenossenschaften schafften Wohnraum, der auch für Geringverdienende erschwinglich war.

### Der Münchner Stadtteil Westend: Zwischen Dönerbuden und stylischen Cafes

Heute ist der Stadtteil, der eigentlich Schwanthalerhöhe heißt, zum Anlaufpunkt für Leute geworden, die sich mit Stadtentwicklung und neuen Trends auseinandersetzen. Denn mit 40 Prozent Ausländeranteil ist das Westend Multi-Kultiviertel der Stadt geworden. Die niedrigen Mieten haben es möglich gemacht, dass hier jedermann wohnen kann. Das Stadtbild erscheint deshalb zwischen Dönerbuden und stylischen Cafes. Auch viele Studenten haben sich hier im Westend angesiedelt. So kann man hier zum Beispiel in einem alten Textilgeschäft einen Tee trinken, entspannt eine Suppe des Tages genießen, das bunte Treiben bei einer Pizza beobachten, einen Cappuccino an einem Stehtisch trinken oder ein gutes, altes Bier im Augustiner Braustuben im Westend zu sich nehmen.

### Die Sonnenstraße in München: Party, Clubs und Bars

Historisch gesehen entstand die heutige Partymeile an der Sonnenstraße auf einem Boden, der nach dem Zweiten Weltkrieg Gewerbefläche war. Dies betrifft die Linie zwischen dem Sendlinger Tor zum Maximilianplatz, wo die Clubs liegen. Deshalb findet man heute auch keine Anwohner in diesem Bereich, die sich durch den Lärm der Feiernden gestört fühlen könnten.

### Nachtschwärmer auf der Sonnenstraße

Der erste Club auf dieser Straße war der Cord Club, der als einziger Club in München im ersten Stock liegt und durch ein Panoramafenster den Blick auf die Stadt ermöglicht. Der Besitzer erkannte schon nach kurzer Zeit das Potenzial der Straße und eröffnete einige Jahre später gegenüber des Clubs das Cafe Cord, ein Bar- Restaurant mit DJ und Sonnenterasse.

Hier serviert man leichte Küche, von Tortilla hin zu Putengerichten. Im Pacha beherrschen internationale DJs wie Timo Maas die Tanzfläche. Jeden Donnerstagabend findet hier eine Afterwork-Party statt und im Sommer verwandelt sich die Terrasse in eine Lounge im Ibinza-Stil. Im gleichen Stil und mit weißen Möbeln und Kerzenschein wird hier in der Sonnenstraße mit Champagner und Pizza gefeiert.

**Für alle Berühmtheiten und die, die es werden wollen**

Für Rock- und Popfans soll es in Zukunft eine Livebühne im Konzertclub 59.1 geben. Am Maximiliansplatz haben sich vier Clubs bereits in einem Gebäude zusammen geschlossen. Baby, Pacha, Rote Sonne und die 089 Bar findet man hier. Die High Society trifft sich im Baby! Wer dort mitfeiern möchte, muss erst an der strengen Tür vorbei kommen. Besonders Unternehmer inklusive ihrem Nachwuchs und modebewusstes Publikum ist hier erwünscht. Prominente Gäste sowie Modelscouts machen diesen Teil der Sonnenstraße zu einem Muss für Partyhungrige.

## Klettern in Köln: Die 10 besten Parks und Orte rund um Köln

Dichtbesiedelt wie Köln ist, fällt es einem schwer zu glauben, dass es hier Orte geben soll, an denen man entspannt klettern kann. Doch für die Menschen in Köln ist auch in diesem Bereich gesorgt.

Klettern in Köln: Die Top 10

**Kletterfabrik**

Mit dem Kletterturm und Kletterkursen für Erwachsene und Kinder begeistert die Kletterfabrik in Köln. Man findet sie in der Lichtstraße 25 und hat montags bis freitags von 10 bis 17 Uhr geöffnet. Kinder können hier Grenzerfahrungen und Freude an der eigenen Bewegung erlernen.

**Bronx Rock Kletterhalle**

Die Bronx Rock Kletterhalle versteht sich vor allem als Veranstaltungsort. Kinder feiern hier ihren Geburtstag, Geschäftsleute feiern ihre Eihnachtsfeiern und Schulklassen kommen zum Ausflug hierher. Besonders wichtig ist dem Betreiber auch die Sicherheit beim Klettern in Köln, denn neben Kletterwänden und Klettergriffen findet man das Highlight der TopStop-Seilbremse. Die Kletterhalle befindet sich in der Vorgebirgsstraße in Wesseling.

**Kletterschule freiab40**

Spezialisiert auf Anfänger und Einsteiger in den Klettersport ab 30 Jahren ist die Kletterschule freiab40 in der Antwerpener Straße in Köln. Besonders Wahrnehmung, Konzentration und Willenskraft sollen hier gefördert werden und werden an natürlichen Kletterfelsen trainiert, genauso wie an Tagesausflügen in die Umgebung. Damit soll der altersbedingten Unbeweglichkeit entgegen gewirkt werden.

**K11- Bouldern in der Südstadt**

In einer Halle kann man in der Südstadt von Köln seine ersten Schritte im Bereich Klettern machen. Boulderwände sind hier vom Schwierigkeitsgrad von leicht bis schwer vorhanden. Man klettert hier außerdem in entspannter Atmosphäre.

**Canyon Chorweiler**

Im Canyon Chorweiler findet man in der Kletterhalle zwei Türme, eine große Wandfläche und einen Boulderbereich mit weicher Bodenfläche. Mit einem Eingangscheck und Sicherheitseinweisungen für Anfänger achtet man hier besonders auf die Sicherheit der Besucher.

**Chimpanzodrom**

Das Chimpanzodrom liegt in Frechen und ist eine der größten Kletterhallen Deutschlands. 220 Routen mit unterschiedlichen Schwierigkeitsstufen stehen hier bereit. Auch hier müssen Neueinsteiger einen Sicherheitskurs belegen, bevor sie auf die Kletterflächen und die Außenboulderbahn losgelassen werden.

**Kletterwand Schwindelfrei**

Einen Kletterpark findet man auf der Liblarer Straße in Brühl. Hier kommen Abenteurer auf ihre Kosten. Sie können sich von Baum zu Baum und über Autoreifen schwingen. Geöffnet ist der Park vom 14. März bis 15. November.

**Klettern unter freiem Himmel**

Klettern in Köln heißt nicht nur auf dem flachen Land. Nein, Klettern in Köln bedeutet auch Klettern an Bestandteilen der Stadt. Zum Beispiel bieten die Mühlheimer Brücke, die Hohenzollernbrücke und die Kaimauer in Niehl die Möglichkeiten sie zu erklimmen. Dies sollten allerdings nur erfahrene Kletterer und Sportler tun.

**Abenteuerhallen Kalk**

Die Abenteuer Hallen Kalk bietet eine Kletterwand mit Cafeteria. Sie wird oftmals von Schulklassen gebucht.

**Alpenverein Sektion Rheinland-Köln e.V.**

Den Alpenverein findet man in der Clemensstraße in Köln. Hier besteht keine Kletterhalle, sondern es werden Kletterausflüge ins Umland organisiert.

## Medical Wellness: Die 10 besten Hotels in Deutschland

Wellness in Begleitung von Fachärzten eignet sich besonders für Menschen mit Risikofaktoren und chronischen Erkrankungen.

Medical Wellness Hotels: Die Top 10

### Eggensberger Biohotel

Das Eggensberger Biohotel bietet Urlaub in der Natur. Im Allgäu gelegen bietet dieses Hotel die einmalige Kombination zwischen Wellness, Biohotel und Therapiezentrum. Durch das Bio-Konzept genießen Gäste das beste der Natur  ohne ihren Körper zusätzlich zu belasten. Hinzu kommt die Bio-Küche im Vier-Sterne-Bereich und die wunderbare Umgebung mit Sonnenhang. Kneippkur und Physiotherapie sind neben der Bio-Kosmetik weitere Angebote.

### Johannesbad Medical Spa & Vitalrefugium

Ein Urlaub im Johannesbad Medical Spa & Vitalrefugium ist Urlaub auf höchstem Niveau in einer exklusiven Landschaft. Die Saunen sind in mediterranem Stil gehalten und die Zimmer des Hotels in hellen Wohlfühlfarben gestaltet. Zahlreiche medizinische Therapiemöglichkeiten bietet das Hotel seinen Gästen, unter anderem ein Bad im Moor. Das hauseigene medizinische Spa offeriert seinen Gästen moderne Balneologie, Fachkompetenz pure Entspannung durch geschultes Personal.

### Bad Clevers Gesundheitsresort & Spa

Ein Sandbad ist die Besonderheit des Bad Clever Gesundheitsresort & Spa. Außerdem werden hier Fastenkuren, Kneipp und Saunen angeboten. Die Sandkur wärmt den Körper bei begleitender Musik, so dass er bereits entspannt ist, bevor der Gast eine Massage bekommt. Die Sauna-Kur soll vor allem das Herz-Kreislauf-System stärken, aber auch für positive Stimmung, mehr Leistungsfähigkeit und Ausgeglichenheit im Alltag sorgen. Die Kneipp Kur, eine der ältesten Naturheilmethoden Europas wird in Bad Clevers authentisch angeboten und soll für Reinigung des Körpers und der Seele sorgen.

### Elztal Hotel

Ein Wellness Wochenende im Elztal Hotelim Schwarzwald stellt insbesondere die Zeit zum Wohlfühlen in den Vordergrund. Eine kurze Auszeit kann man hier mit Sauna, Außenpools, Kosmetik und Massagen verbringen. Speziell ist hier das Angebot Aktiv & Entspannung. Eine persönliche Einweisung durch einen Trainer sowie Bauch-Beine-Po Kurse und Pilates Kurse gehören hier mit zum Programm. Ein Weinkeller und ein Fünf-Sterne-Menü am Abend versüßen den Aufenthalt.

### Seehotel Wiesler

Ein weiteres der Medical Wellness Hotels ist das Seehotel Wiesler. Das

Vier-Sterne-Haus bietet ein hochwertiges Angebot an Wellness & Beauty-Angeboten. Ayurveda-Anwendungen bieten Anwendungen zur Erhaltung der inneren Schönheit und das Spa-Konzept reicht vom Körperpeeling, über Bürstenmassagen hin zur Gesichtskosmetik.

**Der Äschberghof**

Golffreunde kommen im Äschberghofzwischen Schwarzwald, Schweiz und Bodensee auf ihre Kosten. Das Hotel verfolgt den Trend Business und Wellness zu verbinden, denn sowohl die Tagungsräume als auch das Spa Angebot sind exzellent. Körper und Geist werden hier in vier Phasen verwöhnt, denn hier soll man auch in kurzer Zeit zur Ruhe kommen können. Die Golfanlage mit 27 Spielbahnen hat außerdem eine eigene Golfakademie zu bieten.

**Wellness- und Gesundheitszentrum Solemar**

Highlight des Medical Wellness Hotels und Gesundheitszentrum Solemar ist die Totes Meer Salzgrotte. Neben Sole-Heilbad, Schwarzwaldsauna und einem therapeutischen Therapiezentrum sagt man der Salzgrotte heilende Wirkung bei Stress, Allergien, Herz- und Gefäßkrankheiten und Lungenerkrankungen nach.

**Hotel Die Halde**

Besonders auf die Jahreszeit konzentriert arbeitet das Hotel die Halde im Hochschwarzwald. Ein Schau-ins-Land Badehaus läßt den Gast vollendete Harmonie erleben und Kneippgänge, Saunen, Kosmetik- und Ennergiebehandlungen. Für den Wohlfühlurlaub zu Zweit wartet die Spa-Suit "Zeit zu Zweit" auf die Paare.

**Hotel Griepshop**

Spezialtechniken in der Massage und ein Bauernbad werden im Hotel Griepshop, einem der Medical Wellness Hotels, angeboten. Rheuma, Ischias und Gicht sollen in dem Bauernbad geheilt werden. Die Massagetechniken folgen den asiatischen Anwendungen mit Stempeln.

**Hotel Elbresidenz Bad Schandau Spa & Medical Wellness**

Ganzheitlichen Energiegewinn verspricht das Medical Spa in deisem Hotel. Außerdem wird auch hier Ayurveda authentisch praktiziert. Dazu bewohnen die Gäste Zimmer, die mit höchstem Komfort ausgestattet sind.

## Weltreise als Frau: Tipps und Hinweise!

**Bauchgefühl beachten**

Die weibliche Intuition hilft den Damen auch im Ausland. Wenn man sich in einer Situation unwohl fühlt, sollte man sich besser daraus befreien.

Sollte man sich plötzlich in einem Gespräch mit einem seltsamen Mann befinden, einfach weggehen. In solchen Situationen sind Höflichkeit und Freundlichkeit unangebracht.

**Freund erfinden**

Viele Männer, besonders in Lateinamerika, denken, dass weiße Frauen allein auf Reisen eher mal auf ein "Abenteuer" aus sind. In Gesellschaft von solchen Männern sollte man bereits von Vornerein einen "Freund" oder "Ehemann" erwähnen. Ganz sicher kann man gehen, wenn man einen Ring trägt, der wie ein Ehering aussieht.

**Nicht zu auffällig kleiden**

Wenn man als Frau auf den Markt geht oder auch nur auf die Straße, ist es ratsam darauf zu achten, dass sich die eigene Kleidung nicht zu sehr von derer der einheimischen Frauen unterscheidet, sonst hat man ganz schnell lästige Verehrer. Plant man eine Weltreise als Frau sollte man sich vorher über die kulturellen Eigenheiten der bereisten Länder informieren.

**Sonnenbrille tragen**

Frauen, die Sonnenbrillen tragen, können Blickkontakt nicht erwidern. Um Missverständnissen aus dem Weg zu gehen, kann daher das Tragen einer Sonnenbrille hilfreich sein, so dass Blicke erst gar nicht als Anmache verstanden werden können.

**Ruhe bewahren**

Leicht genervt ist man von Männern, die einem ständig hinterher pfeiffen oder rufen. Hier heißt es aus Vorsicht, Ruhe bewahren und einfach ignorieren.

**Pfefferspray kaufen**

Bevor Frau sich alleine auf die Reise begibt, sollte sie einen Travellershop aufsuchen, um sich Pfefferspray zu kaufen. Denn alleine reisen als Frau, kann in manchen Ecken der Stadt sehr gefährlich werden.

**Keine Getränke annehmen**

Man sollte nicht jedem trauen. Falsche Gastfreundschaft kann in Form von K.O.-Substanzen in Getränken auftauchen. Ob in der Disco, in einer Bar oder im Bus - sein Getränk niemals unbeaufsichtigt lassen.

## Die 10 schönsten Museen in London

Ob Kurztrip oder Geschäftsreise, ein Besuch im Museum in London ist immer seine Zeit wert. Ein Museum in London heißt entweder Geschichte entdecken, Literatur nachvollziehen oder Kunst zu bewundern.

Museum in London: Die Top 10

**British Museum**

Das historische Museum der Welt lockte im Jahr 2010/2011 rund 5,8 Millionen Besucher an. Mit seinem quadratischen Baustil mit vier Flügeln hat sich der Architekt Sir Robert Smirke bis 1852, bis zur Vollendung, ein Denkmal gesetzt. Das British Museum zeigt klassische Skulpturen und Antquitäten im griechischen Stil. 1853 gewann es die British Architects Gold Medal. Heute kann man noch die königliche Bibliothek, die Gallerie Duvens und des Königs Edward VII sowie den Lesesaal und den weißen Flügel besichtigen. **Adresse: 96 Euston Road, City of London NW1 2DB**

**Churchill War Rooms**

Hier findet man die unterirdische Behausung eines Staatskommandos während des Zweiten Weltkrieges. Im zweiten Teil des Museums befindet sich das Churchill Museum, das die Geschichte des Lebens des Staatsmannes Winston Churchill erzählt. Als ein nationales Museum wird es von der Abteilung für Kultur, Medien und Sport unterstützt. **Adresse: King Charles Street, London SW1A 2AQ**

**London Transport Museum**

Das London Transport Museum ist ein Museum, welches die Geschichte des öffentlichen Nahverkehrs Londons zeigt. es befindet sich im Covent Garden, wo Omnibusse, Trollybusse und U- Bahnen ausgestellt werden. **Adresse: Covent Garden Piazza, City of London WC2E 7BB**

**Imperial War Museum**

Das Imperial War Museum zeigt hauptsächlich Konflikte zwischen Britanien und dem Commonwealth. Aber auch andere Kriege bis in die heutige Zeit werden thematisiert. Das Museum ist staatlich gegründet, aber trotzdem auf Sponsoren angewiesen. **Adresse: Lambeth Road, City of London SE1 6HZ**

**Natural History Museum**

Die Entdeckung, das Verstehen und die Unterhaltung über die Natur sollen im Natural History Museum im Vordergrund stehen. Mit hochklassigen Austellungen begeistert das Museum immer wieder. **Adresse: Cromwell Road, City of London SW7 5BD**

**Science Museum**

Von Astronautenkleidung bis hin zum Mikroship sind alle Stufen der modernen Technik im Sciendce Museum zu entdecken. **Adresse: Exhibition Road, South Kensington, London SW7 2DD**

**Design Museum**

Wie die Zukunft gestaltet wird, erfährt man im Design Museum. Innovation und bessere Nutzung der Recourcen werden hier groß geschrieben. Es ist außerdem das einzige Museum in London, das sich so explizit mit der Zukunft auseinandersetzt. **Adresse: 28 Shad Thames, City of London SE1 2YD**

**Freud Museum**

Das Haus der Familie Freud in Hampsteat wurde von dieser bis zur Flucht vor den Nazis bewohnt. Anna Freud, Tochter von Sigmund Freud, lebte dort sogar bis zu ihrem Tod 1982. Zu sehen ist heute noch die berühmte psychoanalytische Couch. **Adresse: 20 Maresfield Gardens, City of London NW3 5SX**

**National Gallery**

Eine besondere Ausstellung der westeuropäischen Malerei vom 13. bis zum 19. Jahrhundert hat die National Galleryzu bieten. Der freie Eintritt ermöglicht den Zugang für jedermann. **Adresse: Trafalgar Square, City of London WC2N 5DN**

**Sherlock Holmes Museum**

In Anlehnung an das Buch ist auch das Sherlock Holmes Theater gestaltet. Wegen seines speziellen historischen und archetiktonischen Wertes ist es staatlich geschützt. **Adresse: 221b Baker Street, Paddington, Greater London NW1 5**

## London für Kinder: 10 Attraktionen, die den Kleinen Spaß machen

London ist bei Touristen beliebt für die Vielzahl an Sehenswürdigkeiten. Doch nicht nur für erwachsene Touristen hat diese Stadt so einiges zu bieten, sondern auch für unsere ganz Kleinen, unsere Kinder.

London für Kinder: Die Top 10

**Centre of the Cell**

Das Museum für biomedizinische Laborgeschichte, Centre of the Cell, ist das erste Museum für naturwissenschaftliche Bildung und gehört auf jeden Fall zu den ersten Adressen in London für Kinder.

**Horniman Museum**

Das Horniman Museum bietet einen Einblick in die kulturelle und natürliche Welt. Anthropologie, Naturgeschichte und Musikinstrumente gehören zu den Ausstellungsgegenständen. Für Kinder gibt es spezielle Veranstaltungen, bei welchen Geschichten erzählt und Kunst gemacht wird.

**Sea Life Center**

Im Sea Life Center, Londons Aquarium, erwartet die Kinder eine einzigartige Unterwasserwelt. auf dem “Shark Walk” sind sie nur durch eine Glasplatte von den Haien getrennt. Und auch im Ocean Tunnel kommen einem die Meeresbewohner zum Greifen nahe.

**Tower Bridge Auststellung**

Besonders das junge männliche Publikum dürfte sich für die Tower Bridge Ausstellung interessieren. Die viktorianischen Maschinenräume lassen die Kinder die Original- Dampfmaschine beobachten. Diese setzen den Hebemechanismus der Brücke in Gang. Kleine Hydraulikmodelle sorgen für ein interaktives Erlebnis.

**Auf den Spuren Harry Potters**

Im London für Kinder darf natürlich der Magier Harry Potter nicht fehlen. Am Bahnhof King's Cross kann man das Gleis 9 bewundern, das Gleis 9 3/4 gibt es natürlich nicht, obwohl ein Schild mit der Aufschrift “Plattform 9 3/4 ” angebracht ist. Ein Endstück eines Gepäckwagens ist an der Mauer angebracht, so dass es so erscheint als ob er dort verschwindet. Die Koboldsbank Gringotts findet man an der Eingangshalle des Australia House, die Winkelgasse wurde an den Säulen der Ladenpassage Leadenhall Market gedreht und das Zaubereiministerium findet sich in den Mauern der Regierungsgebäuden von Whitehall wieder. Einige Veranstalter bieten sogar spezielle Harry Potter Touren an.

**Spielplatz für Kinder**

Ein Spielplatz in London für Kinder befindet sich in den Kensington Gardens. Dort ist der Diana- Memorial- Playground mit Piratenschiff und Schlammbach. Für die Eltern sorgen Tee oder Kaffe für eine angenehme Pause, während die Kinder spielen.

**Sandstrände an der Themse**

Bei Ebbe läßt sich vom Südufer der Themse aus St. Paul's betrachten. An den kleinen Sandstränden können die Kinder wunderschön Muscheln und Krebse suchen und sammeln.

**London Transport Museum**

Das Museum befindet sich im Zentrum von London, im Covent Garden. Dort sind die weltweit bekannten roten Busse ausgestellt. Eine Tour im Doppeldeckerbus wird bestimmt zu einer tollen Erinnerung für die Kleinen, besonders wenn sie Plätze in der ersten Reihe ergattern können.

**Battersea Park Children's Zoo**

Besonders für kleine Kinder ist dieser Zoo etwas Besonderes. Die beste Show liefern die verspielten Otter. Sprechende Vögel und Affen mit riesigen Augen, Schafe warten auch auf ihre Besucher. In einem Shop kann man günstiges Spielzeug ergattern und im Lemon Tree Cafe sogar ein Picknick veranstalten.

**Pollock's Spielzeugmuseum**

4000 Jahre altes, ägyptisches Spielzeug sowie Spielzeuge aus dem 19. Jahrhundert sind hier zu bewundern. dort können die Kinder einmal sehen mit was sich ihre Vorfahren vergnügen konnten.

**Netil Market: alternatives Shoppen für kreative Köpfe und Leckermäuler**

Kreative Mode, Fotografie und Möbel sowie Multi-Mediageräte werden auf dem Netil Market angeboten. Juweliere, Handwerker und Modelabels bieten ihre Produkte genauso an, wie Möbelhändler und Haushaltswarenverkäufer. Von Schmuck, Klamotten, Kunst, über Scrabble-Spiele bis hin zum Hulahoopfeifen ist hier fast alles zu haben.

Es gibt sowohl Gegrilltes als auch vegetarisches Essen, das zum alternativen Shoppen in London anregen soll. Das ehemals verkommene Community College wird heute wieder durch kreative Unternehmen genutzt.

**Köstlichkeiten beim Shoppen in London**

Shoppen in London auf dem Netil Markt bietet auch verschiedene Kaffees, Gebäck und einige andere Gaumenschmäuse.

Besucher berichten von einer einzigartigen, kreativen Atmosphäre , wobei das Basteln eines Bootes aus einer Milchflasche und einem Kaffefilter in einer Pfütze die Besucher auch mal zum Staunen bringen kann. Viele junge Leute kommen auch einfach nur, um die Sonne zu genießen und einen Mojito zu trinken.

Im Februar wurde der Markt durch das Magazin Time Out London unter die zehn besten Märkte der Stadt gewählt. Er öffnet jeden Samstag von 11 Uhr bis 18 Uhr und ist ein absolutes Muss für ergeizige Kreative.

Ein beheizter Chill-Out Raum sowie Attraktionen für Kinder und Live Musik stehen ebenso zur Verfügung, wie ein Raum für Künstler und Performances.

Shoppen in London hat somit eine neue Dimension bekommen, denn zu kleinen Preisen kann man hier einen ganzen Tag in gemütlicher Atmosphäre mit Familie oder Freunden verbringen und sich Großmutters alte Kleider oder Schmuck in neuem Design ansehen. Antike Möbel gibt es entweder im Orginalzustand oder auch restauriert und mit kleinen Accessoires aufgepeppt. Kulinarische Neuheiten aus aller Welt warten hier auf ihre Genießer.

## Coffs Harbour in Australien: Strände und Nachtleben ohne viele Touristen

Die Küstenstadt im Norden Australiens, in New South Wales, liegt nördlich von Sydney. Mit ihren rund 27000 Einwohnern ist Coffs Harbour gleichzeitig Verwaltungssitz. Umgeben und erbaut durch Resorts und Appartmentkomplexe genießen die Touristen hier einen Ausblick auf die umliegenden Berge.

Bananenplantagen und Farmen sind hier auch zu finden. So ist die Big Banana zum Symbol des beliebten Exportgutes geworden. In dem subtropischen humiden Gebiet wachsen diese Früchte besonders gut. Ihren Namen Coffs Harbour bekam die Stadt durch Captain John Korff, der 1847 dort Schutz vor Unwetter suchte.

### Surfen als Hauptsportart in Coffs Harbour

Heute ist hier auch ein beliebtes Tauchzentrum in einem kleinen natürlichen Riff. Sechs verschiedene Strände machen das Surfen in Australiengenau an diesem Ort so interessant. Die drei stärksten Surfclubs haben hier ihren Sitz und vom Anfänger bis zum Superstar kommt hier jeder auf seine Kosten.

Außerdem sind fast alle erdenklichen Wassersportarten hier möglich. Kajak fahren, Wale beobachten sowie Tauchen und Schnorcheln gehören dazu. Eine besondere Attraktion ist der Tandem Skydive, der über der Stadt gemacht werden kann. Eine dreitägige abenteuerliche Reittour läd außerdem ein. Im Nymboida Fluß sind typisch australische Tiere zu finden, so wie zum Beispiel das Schnabeltier.

Jet Ski und Mountainbiketouren gehören außerdem zum Angebot für Touristen. Neben Tourismus und tropischen Pflanzen findet man auch die Möglichkeit eines Studiums an der Southern Cross University und dem Coffs Harbour Senior College, die zusammen ein einzigartiges Konzept, den Education Campus, bilden.

Das Gebiet ist sowohl mit dem Flugzeug auf dem eigenen Flugplatz als auch mit dem Bus oder dem Zug von Brisbane aus zu erreichen.

## Als Frau alleine in Afrika reisen: Tipps und Hinweise

Auch die Zahl der alleinreisenden Frauen in Afrika nimmt ständig zu. Diejenigen, die zurückkommen, erzählen meist nur über gute Erfahrungen.

Und außer den üblichen Gefahren wie Verkehrsunfällen und Erkrankungen sind bisher keine schlimmeren Ereignisse aufgetreten.

**Als Frau alleine reisen: So wirds gemacht!**

**Sorgfältige Vorbereitung**

Frauen, die durch Afrika reisen wollen, sollten sich mit den angemessenen Verhaltensweisen des Kontinents bzw. des jeweiligen Landes auseinandersetzen. Es herrscht dort immer noch eine patriarchalisch strukturierte Kultur, in denen sich eine Frau entsprechend verhalten muss, um nicht belästigt zu werden.

**Schwarzafrikanische Männer**

Trotz vieler Vorurteile kann man davon ausgehen, dass schwarzafrikanische Männer sehr höflich und zuvorkommend gegenüber weißen Frauen sind. Annäherungsversuche entstehen höchstens aus Neugier heraus oder aus der Hoffnung auf ein besseres Leben mit einer weißen Frau. Tätliche Übergriffe sind sehr, sehr selten. Sollte man sich jedoch trotzdem einmal bedrängt fühlen, sollte man seine Autorität zeigen.

**Einige Verhaltensregeln**

Sollte man als Frau alleine reisen, ist ein selbstsicheres Auftreten absolut notwendig. Angemessene Kleidung sollte zumindest die Knie verdecken. übermäßiges Make-up und missverständlicher Blickkontakt sollte vermieden werden.

**Verhalten europäischer Mitreisender**

Europäische Mitreisende sind gegenüber den schwarzafrikanischen Männern eine wohl größere Gefahr, denn die gut betuchten Herren können ein Machogehabe an den Tag legen, das einer Frau sehr unangenehm werden kann.

**Beziehungen**

Sollte man als Frau alleine reisen und sich trotz der vielen Vorurteile auf eine Beziehung mit einem Schwarzafrikaner einlassen, muss man sich auch der Gefahren klar sein. HIV-Infektionen lauern in diesen Ländern überall. Des Weiteren stellt sich die Frage nach der Zukunftsfähigkeit einer solchen Beziehung, die von kulturellen Unterschieden und geografischer Ferne geprägt sein wird. Am besten ist es, wenn man als Frau alleine reisen will, wenn man sich schon vorher darüber klar ist, ob man ein solches Risiko eingehen möchte.

## Italienische Männer: wollen wir uns wirklich von den Klischees verabschieden?

Schwarze Haare, dunkelbraune leuchtende Augen, ein insgesamt gepflegtes und ansprechendes Aussehen gepaart mit stilsicherer Kleidung und Sonnenbrille, das sind italienische Männer wie wir sie kennen. Da verzeiht man auch schon mal den ein oder anderen grammatischen Fehler beim Sprechen. Sie versprechen in romantischer Art Wärme und Geborgenheit im familiären Umfeld, doch nicht selten warten auf liebeshungrige Frauen böse Überraschungen in Sachen Beziehung auf sie.

## Zwei berühmte italienische Männer

Terence Hill und Rudolph Valentino sind und waren italienische Männer, die unter besonderem Augenmerk der Damenwelt gelebt haben. Beide legten eine Karriere als Schauspieler hin. Rudolph Valentino, geboren am 6. Mai 1895 in Catellanta - Italien und Terence Hill, geboren am 29. März 1939 in Venedig, heißt bürgerlich Mario Girotti. Hill war nicht nur Schauspieler, sondern auch Filmproduzent, Drehbuchautor und Regisseur. Zuvor hatte er ein Studium der Literatur an der Universität zu Rom absolviert und drehte anschließend zahlreiche Filme mit Bud Spencer, wie zum Beispiel Die rechte und die linke Hand des Teufels, Zwei bärenstarke Typen oder Mein Name ist Nobody. Noch heute mit 70 Jahren schreibt man in der Presse über ihn, dass er die Frauen mit seinen ungewöhnlich blauen Augen verzaubert.

Valentino hingegen war der Star der Stummfilzeit. 1921 gewann er Weltruhm mit Der Scheich. Als Tänzer in New York gelangte er in die gehobene Gesellschaft. Trotzdem verübte er kleinere Delikte wie Diebstahl oder Erpressung, so dass er im Gefängnis landete. Nach seiner ersten Ehe mit Natascha Rambova wartete er bis zur Scheidung kein ganzes Jahr bis er erneut heiratete. Dadurch wurde er der Bigamie beschuldigt und landete wieder im Gefängnis. In der Öffenlichkeit als Sexsymbol angesehen, verschlimmerten sich die Probleme in seinem Privatleben. Seine zweite Frau will nicht in sein Haus ziehen, woraufhin er versucht sich das Leben zu nehmen.

Valentino und Hill, zwei italienische Männer, wie sie dem Klischee entsprechen, Frauenhelden und immer ein wenig Mafia im Hintergrund.

Auch außerhalb des Showgeschäftes sind Italiener die Männer, die von Mama verwöhnt werden, so dass "Mamma" für sie immer die Beste sein wird. Sie scheinen außerdem mit einem Handy am Ohr geboren worden zu sein, damit sie immer und überall telefonieren können und möglichst lautstark.

Zudem sind sie auch heute noch überwiegend katholisch und man erkennt sie oftmals an ihren dicken Goldketten und teuren Sonnenbrillen - Es leben die Klischees!

# Geschmäcker der Welt nach Hause holen

Hat man auf Reisen oder im Zusammensein mit Menschen aus verschiedene Kulturen einmal die Geschmäcker der Welt kenengelernt, kann man sie sich durch gesammelte Rezepte auch nach Hause holen.

Wer hat sich nicht schon einmal nach einer Reise ein leckeres Gericht zurück in

Erinnerung gerufen und sich es nach Hause gewünscht. Leider fehlt in den meisten Fällen

das Rezept dazu. Einige sind hier zu finden, die anderen müssen Sie sich bei der nächsten

Reise direkt geben lassen.

Aber nicht nur für sich selber, auch für Besuche von Kollegen oder Geschäftspartnern im

eigenen Heim ist ein Gericht von einer gemeinsamen Reise eine echte Überraschung und

fördert den Zusammenhalt.

**Kaffee Rezepte: Die Top Ten**

**Irish Coffee**

Whiskey mit braunem Zucker in einem Glas über einer Flamme erhitzen. Den Kaffee bis zum unteren Rand auffüllen. Darüber Sahne bis zum Rand auffüllen und ohne umrühren servieren und trinken. Für den Irish Coffee werden 3cl Irish Whiskey, zwei TL brauner Zucker, 1cl heisser Kaffee und Sahne benötigt.

**Pharisäer**

Ein Würfelzucker wird auf den Boden eines Glases gelegt und Rum darüber gegossen. Die Tasse wird mit Kaffee aufgefüllt und Sahne auf die Oberfläche gegeben. 1 Würfelzucker, 4cl brauner Rum, 1cl heisser Kaffee und halbgeschlagene Sahne werden hier verwendet.

**Rüdesheimer Kaffee**

Sahne mit Vanillezucker steif schlagen. Pro Tasse drei Stücke Würfelzucker. Der Weinbrand muss erhitzt werden und wird dann über den Zucker gegossen. Das Ganze wird dann angezündet. Wenn die Flamme ausgebrannt ist, wird der Kaffee darüber gegossen und die Sahne darüber gegeben.

**Cafe Brulot**

Zimtstange, Nelken und Orangenschale mit Zucker, Cognac und Orangenlikör in eine Schüssel geben und verrühren, bis sich der Zucker aufgelöst hat. Die Mischung anzünden und nach Erlöschen langsam Kaffee darüber geben. Durch ein Sieb in Tassen geben und mit Sahne verfeinern. Eine Zimtstange und zwei Nelken, 4cl Cognac und 2ct Orangenlikör sowie ein 1/4 l Kaffee gehören hier zusammen.

**Fiaker**

Kirschwasser erhitzen und Kaffee einfüllen. Sahne darüber geben und mit einer Kirsche servieren. 1cl Kirschwasser und 100ml Kaffee werden hier zusammen gemixt.

**Cafe coretto**

Grappa in heißen Espresso geben, fertig ist der Kaffee. Ein Espresso und 1cl Grappa gehören zusammen. Wer es mag, nimmt einfach statt des Grappas Sambuca.

**Eierlikörkaffee**

10cl kalter Kaffee, 4ct Eierlikör und 4ct Ananassaft. Alle Zutaten in einen Mixer füllen und mit Eiswürfeln servieren. Fertig ist ein weiteres der Kaffee Rezepte.

**Amaretto Mafioso**

1 1/2 Tasse Schümli-Kaffee, 2 TL brauner Zucker, 6cl Amaretto, Grenadinesirup und Sahne. Zutaten zusammen rühren mit Sahne verfeinern und mit einem Schuss Grenadinesirup abrunden.

**Tropischer Kaffeedrink**

Zwei große Mangoeiskugeln, 2cl Cointreau, 7cl kalten Kaffee und 7ct Ananassaft in einen Mixer füllen und in einem Eisglas servieren.

**Mandeleiskaffee**

50g Sahne, 2 Kugeln Vanilleeis, 1/4L kalter Kaffee, 2cl Mandelsirup und Mandelsplitter bereit stellen. Sahne steif schlagen, Vanilleeis in ein Glas geben. Den Kaffee mit Mandelsirup oder Amaretto verühren und darüber gießen. Sahne und Mandelsplitter zum Servieren darüber geben.

## Austern öffnen: Anleitung und Tipps

Austern öffnen erfordert ein bestimmtes Geschick, denn die Natur hat diesen Meeresfrüchten eine regelrechte Rüstung mit gegeben. Regelmäßig landen Menschen, die versucht haben diese zu durchbrechen mit Verletzungen beim Arzt. Deshalb bedarf es Geduld, Vorsicht und Übung neben einem guten Austermesserm um die Delikatesse auch genießen zu können.

**Austern öffnen: So wirds gemacht!**

**Waschen der Austern**

Zur grundsätzlichen Vorbereitung zur Öffnung der Meeresfrüchte gehört die gründliche Reinigung mit Wasser. Besonders an der Spitze der Auster sammeln sich häufig Unreinheiten. Wasser und eine Bürste reichen zu diesem Zweck vollkommen.

**Austern öffnen**

Austern öffnen beginnt mit der genauen Begutachtung der Meeresfrucht. Vergegenwärtigen sollte man sich, wo Ober- und Unterseite, auch das Dach und der Bauch der Auster genannt, der Auster sind. Wichtig ist dabei die Spitze der Auster erkennen zu können. Die Auster muss an ihrem Schließmuskel geöffnet werden. Dazu legt man sie am besten mit der Spitze auf einen selber zeigend und mit dem Bauch auf der Tischplatte liegend hin. Der Schließmuskel befindet sich dann auf der von uns aus gesehenen rechten Seite, nahe der Spitze. Ist der Schließmuskel zerschnitten, läßt sich die Auster ganz leicht öffnen.

**Klassische Methode**

Mit einem Messer öffnet man das Scharnier der Auster. Dazu drückt man die Auster mit der linken Hand fest auf den Tisch und durchbohrt das Scharnier mit der rechten Hand. Ist die Scharnier- Membran durchtrennt, dreht man das Messer, um das Scharnier endgültig zu brechen. Folgt man nun mit dem Messer entlang in Richtung Schließsehne und bewegt das Messer nach rechts und links, kann man den Schließmuskel durchtrennen. Danach läßt sich die obere Hälfte leicht abtrennen und man kann die Austern öffnen.

## Muscheln kochen: So gelingen Meeresfrüchte in leckerem Sud

Muscheln kochen benötigt eine gewisse Vorbereitung und Auswahl eines Rezeptes für den Sud.

**Muscheln kochen: Die Zutatenliste**

**Zutaten für Muscheln in Curry- Kokosmilch mit Ananas**

- 2kg Miesmuscheln
- 3 Sellerie
- 1 Chillischote
- 1 Dose Ananas
- ein halbes Bund Koriander

- 1 EL Öl
- 100ml Gemüsebrühe
- Salz

**Zutaten für Muscheln in Fenchel-Orangen-Sud mit Wermut**

- 2kg Miesmuscheln
- 2 Fenchelknollen
- 2 Orangen
- 4 Schalotten
- ein halbes Bund Dill
- 1 EL Öl
- 200ml Fischfond
- 100ml Wermut
- Salz
- Zucker
- 1,5 TL Pfefferbeeren

**Muscheln kochen: Die Zubereitung**

**Vorbereitung der Muscheln**

Zunächst müssen die Muscheln gründlich gewaschen und bereits offene Exemplare entfernt werden. Anschließend müssen die harten Fäden der Muschel gezogen werden. Dies kann entweder mit den Fingern geschehen oder mit einem Küchenmesser. Mit einer Bürste sollten die Muscheln dann noch einmal gründlich gereinigt werden. Kalkablagerungen an der Oberfläche der Muschel müssen mit einem Küchenmesser entfernt werden, da sich darunter Ungeziefer befinden könnte.

**Fenchel-Orangen-Sud mit Wermut**

Fenchel waschen, vierteln und das Mittelstück entfernen. Anschließend in Streifen schneiden. Die Schalotten häuten und längs achteln. Die Orangen werden heiß gewaschen und trocken getupft. Der Saft der Orangen wird ausgepresst und die Schale einer halben Orange abgerieben. Gewaschenen Dill hacken und Öl in einem Topf erhitzen. Die Schalotten und der Dill werden darin gedünstet bis sie glasig sind. Orangensaft, Wermut und Fischfond werden hinzugegeben und aufgekocht. Salz und Zucker muss zum Abschmecken dienen. Die Muscheln kochen und zwar 5 bis 10 Minuten unter geschlossenem Deckel, zwischendurch schwenken. Pfefferbeeren werden in einem Mörser zerkleinert und zusammen mit dem Dill über die gekochten Muscheln gegeben.

**Curry-Kokosmilch mit Ananas**

Die Zubereitung des Suds erfordert den Sellerie zu putzen und in feine Scheiben zu schneiden. Ingwer schälen und fein hacken. Die Chillichotte säubern, halbieren und die Kerne entfernen, anschließend hacken. Vier Scheiben Ananas werden klein geschnitten und der Koriander wird gewaschen. Das Öl wird erhitzt und der Sellerie darin glasig gedünstet. Chilli, Ingwer und Curry kurz mitdünsten. Die Kokosmilch, die Brühe und 100ml Ananassaft darin aufkochen. Fünf Minuten Muscheln kochen. Schließlich die Ananasstücke hinzu geben und mitgaren. Koriander verfeinert die Muscheln vor dem Servieren.

**Tipps und Hinweise**

- Muscheln, die sich nach dem Kochen nicht geöffnet haben, sollten in den Müll wandern.

## Chinesische Pilze: Rezeptideen und Tipps zur Zubereitung

Chinesische Pilze passen geschmacklich in Suppen, zu Fleischgerichten und zu Fisch. Geschmort, gekocht oder blanchiert können sie serviert werden. Der Shiitake-Pilz ist ein Baumpilz, der nach de m Champignon am häufigsten angebaut wird. Er hat einen Hut, der von hell bis dunkelbraun gefärbt sein kann. Er hat einen feinen und genüsslichen Geschmack und er ist sowohl frisch als auch getrocknet erhältlich. Weitere chinesische Pilze sind der Mu-Err-Pilz, der Straw Mushroom, Schwarze Pilze und Poku Pilze. Einige chinesische Pilze des Typs Mu-Err werden auch chinesische Morcheln genannt und wachsen auf Baumstämmen. Sie haben die Form einer Ohrmuschel und sind bräunlich und getrocknet. Viele chinesische Pilze erhält man im normalen Supermarkt. Eine größere und frischere Auswahl erhält man jedoch im Asiashop.

### Chinesische Pilze: Die Zutatenliste

**Zutaten für Chinesische Hühnersuppe**

- 300g Hähnchenbrustfilet
- 1/2 Zwiebel
- 1/2 Glas Bambusssprossen
- 150g kleine Champignons
- 20g chinesische Pilze - Shiitake
- 1L Hühnerbrühe
- 0,3L Gemüsebrühe
- 1/2 Packung Glasnudeln

- 1 Schuss Sojasosse
- Öl
- Salz und Pfeffer

**Zutaten für Pilz-Schwein-Pfanne**

- 20g Mu-Err Pilze
- 1 Dose Bambussprossen
- 300g Poree
- 300g rote Paprika
- 400g Schweinefleisch
- 250g Shiitake
- 250g Hühnerbrühe
- 3EL Tomatenketchup
- 1 EL Essig
- 1EL Zucker
- 4 EL Öl

**Chinesische Pilze: Die Zubereitung**

**Vorbereitung**

Die Pilze eine Stunde lang im kalten Wasser ziehen lassen. Das Fleisch schneiden und die Bambusssprossen waschen und trocknen. Champignons in Würfel schneiden, die Zwiebeln würfeln. Gegebenenfalls die Glasnudeln in mundgerechte Stücke hacken.

**Chinesische Hühnersuppe**

Die Gemüse- und die Hühnerbrühe zusammen zum Kochen bringen. Die Pilze abtropfen und würfeln, anschließend in der Brühe kochen. Das Fleisch in einer Pfanne mit dem Öl braten und in eine Schüssel geben. Sojasoße darüber geben. 2/3 der Pilze sollen angebraten werden und die Zwiebeln dazu. Das Fleisch zusammen mit den Nudeln in die Brühe geben und noch 5 Minuten bei geringer Hitze kochen. Die übrigen Champignons hinzugeben und das Gericht mit Salz und Pfeffer abschmecken.

**Pilz-Schwein-Pfanne**

Die Mu- Err- Pilze einweichen. Bambusssprossen in Scheiben schneiden, genauso wie den Porree und die Paprika. Schweinefleisch und Shiitake waschen und in Scheiben schneiden. Hühnerbrühe, Öl, Ketchup und Essig vermischen. In einem Wok das Öl erhitzen und das Fleisch sowie Shiitake-Pilze darin kochen und 1-2 Minuten köcheln lassen.

## Mit dem Mietauto durch Kreta: Vom minoischen Palast zur Lassithi Hochebene

Die vermutlich größte Sehenswürdigkeit der Insel Kreta ist der Palast von Knossos, der als Zeichen für die minoische Epoche steht. Nach der Entdeckung des Palastes des Königs Minos unter einem Schutthügel wurde er zwischen 1900 und 1925 ausgegraben und rekonstruiert. Jährlich wird Knossos von 1,3 Millionen Besuchern aufgesucht.

### Mit dem Mietauto durch Kreta

Mit einem Mietauto Kreta zu entdecken fü+hrt auch vorbei an der fünf Kilometer vom Palast entferntenHafenstadt Heraklion. Sie ist mit ca. 200.000 Einwohnern die größte Stadt Kretas und liegt an ihrer Nordküste. Im Herzen der Stadt findet man den Venezianischen Platz mit seiner Löwenfontäne. Das Stadtbild entspricht den Zeiten der italienischen Renaissance. Dort wo früher Stadtmauern standen, liegen heute malerische Parks.

### Die Hochebene Lassithi

Außerhalb der Städte lohnt es sich die Hochebene von Lassithi zu besuchen. Sie liegt auf einer Höhe zwischen 817 und 850 Metern. Dort sollte man sich ein kleineres Hotelzimmer mieten, um die Landschaft ausreichend genießen zu können. Obstplantagen und Felder mit Kartoffeln, Weizen und Kohl, Äpfel und Birnen gehören hier zum Hauptverdienst der Bauern. Es finden sich auch zwei Klöster in dieser Hochebene. Hauptsächlich ist die Hochebene aber für die Geburtshöhle des Göttervaters Zeus bekannt. Trotzdem sind die Einwohner hier nicht sehr wohlhabend. Eine weitere Attraktion der Lassithi- Hochebene ist die Tropfsteinhöhle.

### Mietauto Informationen

Mit dem Mietauto Kreta in Griechenland zu entdecken, ist mit einem geländetüchtigen Fahrzeug spannend und immer eine Reise wert. Die bekanntesten Mietautostationen in Kreta sind autoUnion, AVIS, Balneo, Kreta Reisen, Minotours und Smile rent a car.

Die Preise dafür, dass man mit einem Mietauto Kreta erkunden kann, liegen zwischen 129 Euro für einen Kleinwagen und 460 Euro für einen Van.

## Die schönsten Arten, ein Bier zu öffnen

Nicht immer ist ein Flaschenöffner zur Hand, wenn man ein leckeres Bier trinken will. Etwas Hartes dient als Ersatz. Jeder kennt das Gefühl, sich auf einer Perty mit einer Flasche Bier in der Hand zu befinden, aber keinen Flaschenöffner zur Hand zu haben. Die Party ist in vollem Gange und man will zu diesem Zeitpunkt natürlich auch nicht den Gastgeber, der gerade tanzt, nerven und ihn bitten einen zu suchen. Also stellt man das Bier entweder weg, bittet einen Freund um seine Flasche oder benutzt sein Feuerzeug, denn der kalte Durstlöscher wartet.

### Bier öffnen: Was wird benötigt?

- Feuerzeug
- Zweite Flasche
- Hände

### Bier öffnen: So wirds gemacht!

#### Zweite Flasche ansetzen

Ideal ist es, wenn man eine zweite Bierflasche zum Bier öffnen benutzt. Man setzt die zweite Flasche schräg mit dem Kronenrand an den Rand der ersten Flasche an und fasst den Flaschenhals mit der linken Hand.

#### Hebelwirkung

Gleichzeitig versucht man mit derselben Hand, mit dem kleinen Finger und dem Ringfinger, die stehende erste Flasche fest zu halten. Dann kann man die zweite Flasche mit einem Ruck nach unten pressen und durch die Hebelwirkung den Deckel der ersten Flasche entfernen und das Bier öffnen.

#### Feuerzeugexperten

Sollte es auf diese Weise nicht funktionieren und sollte das Bier öffnen fehlschlagen, ersetzt man die zweite Flasche durch ein Feuerzeug. Dies setzt man mit seiner Unterseite unter dem Deckel an und versucht wieder, mit einem Ruck den Deckel von einer Seite zu entfernen.

#### Tipps und Hinweise

- Jeder muss selbst ausprobieren, wie er seine Flasche aufmachen will. Man sollte jedoch in jedem Fall aufpassen, dass man bei der ersten Methode mit der zweiten Flasche verhindert, dass die Flaschen so aneinander geraten, dass sie zerbrechen.
- Experten in diesem Bereich gelten auf Partys als angesagt.
- Frauen tun sich normalerweise mit der Zweiflaschenmethode nicht

so leicht wie mit dem Feuerzeug. Dies mag auch daran liegen, dass sie sich eher vor dem Glasbruch fürchten.

- Nach einigen Versuchen klappt das Ganze meistens in zwei bis drei Sekunden. Beginner sollten jedoch vorsichtig sein und Verletzungen zwischen den Fingern vermeiden, solange, bis sie sich sicher fühlen.

Printed by Books on Demand GmbH, Norderstedt / Germany